十七世纪的现代学者

徐霞客及其游记

自然國學

杨文衡◎著

深圳出版发行集团
海天出版社

图书在版编目（CIP）数据

十七世纪的现代学者 ：徐霞客及其游记 / 杨文衡著. —
深圳 ：海天出版社，2013.2
（自然国学丛书）
ISBN 978-7-5507-0650-7

Ⅰ. ①十… Ⅱ. ①杨… Ⅲ. ①徐霞客（1586～1641）
—人物研究②《徐霞客游记》—研究 Ⅳ. ①K825.89②K928.9

中国版本图书馆CIP数据核字(2013)第012923号

十七世纪的现代学者——徐霞客及其游记
Shiqi Shiji De Xiandai Xuezhe Xu Xiake Jiqi Youji

出 品 人　尹昌龙
总 策 划　尹昌龙
出版策划　毛世屏
丛书主编　孙关龙　宋正海　刘长林
责任编辑　秦　海
责任技编　蔡梅琴
封面设计　同舟设计/李杨

出版发行　海天出版社
地　　址　深圳市彩田南路海天大厦（518033）
网　　址　www.htph.com.cn
订购电话　0755-83460293(批发)　83460397(邮购)
设计制作　深圳市同舟设计制作有限公司　Tel：0755-83618288
印　　刷　深圳市金豪毅彩色印刷有限公司
版　　次　2013年2月第1版
印　　次　2013年2月第1次
开　　本　787mm×1092mm　1/16
印　　张　9
字　　数　112千
定　　价　26.00元

总序

21世纪初，国内外出现了新一轮传统文化热。广大百姓以从未有过的热情对待中国传统文化，出现了前所未有的国学热。世界各国也以从未有过的热情学习和研究中国传统文化，联合国设立孔子奖，各国雨后春笋般地设立孔子学院或大学中文系。很显然，人们开始用新的眼光重新审视中国传统文化，认识到中国传统文化是中华民族之根，是中华民族振兴、腾飞的基础。面对近几百年以来没有过的文化热，这就要求我们加强对传统文化的研究，并从新的高度挖掘和认识中国传统文化。我们这套《自然国学丛书》就是在这样的背景下应运而生的。

自然国学是我们在国家社会科学基金项目“中国传统文化在当代科技前沿探索中如何发挥重要作用的理论研究”中，提出的新研究方向。在我们组织的、坚持20余年约1000次的“天地生人学术讲座”中，有大量涉及这一课题的报告和讨论。自然国学是指国学中的科学技术及其自然观、科学观、技术观，是国学的重要组成部分。长久以来由于缺乏系统研究，以致社会上不知道国学中有自然国学这一回事；不少学者甚至提出“中国古代没有科学”的论断，认为中国人自古以来缺乏创新精神。然而，事实完全不是这样的：中国古代不但有科学，而且曾经长时期地居于世界前列，至少有甲骨文记载的商周以来至17世纪上半叶的中国古代科学技术一直居于世界前列；在公元3～15世纪，中国科学技术则是独步世界，占据世界领先地位达千余年；中国古人富有创新精神，据统计，公元前6世纪至公元1500年的2000多年中，中国的技术、工艺发明成果约占全世界的54%；现存的古代科学技术知识文献数量，也超过世界任何一个国家。因此，自然国学研究应是21世纪中国传统文化一个重要的新的研究方向。它的深入研究，不仅能从新的角度、新的高度认识和弘扬中国传统文化，使中国传统文化获得新的生命力，而且能从新的角度、新的高度认识和弘扬中国传统科学技术，有助于当前的科技创新，有助于走富有中国特色的科学技术现代化之路。

本套丛书是中国第一套自然国学研究丛书。其任务是：开辟自然国学研究方向；以全新角度挖掘和弘扬中国传统文化，使中国传统文化获得新的生命力；以全新角度介绍和挖掘中国古代科学技术知识，为当代科技创新和科学技术现代化提供一系列新的思维、新的“基因”。它是“一套普及型的学术研究专著”，要求“把物化在中国传统科技中的中国传统文化挖掘出来，把散落在中国传统文化中的中国传统科技整理出来”。这套丛书的特点：一是“新”，即“观念新、角度新、内容新”，要求每本书有所创新，能成一家之言；二是学术性与普及性相结合，既强调每本书“是各位专家长期学术研究的成果”，学术上要富有个性，又强调语言上要简明、生动，使普通读者爱读；三是“科技味”与“文化味”相结合，强调“紧紧围绕中国传统科技与中国传统文化交互相融”这个纲要进行写作，要求科技器物类选题着重从中国传统文化的角度进行解读，观念理论类选题注重从中国传统科技的角度进行释解。

由于是第一套自然国学丛书，加上我们学识不够，本套丛书肯定会存在这样或那样的不足，乃至出现这样或那样的差错。我们衷心地希望能听到批评、指教之声，形成争鸣、研讨之风。

《自然国学丛书》主编

2011年10月

目录

前言

2009年5月24日，阜城门金都假日饭店举行《自然国学丛书》启动仪式，丛书主编、深圳海天出版社负责人和部分作者参加。会上决定：2009年底交10本书的稿子，我是其中之一。7月12日与出版社签订合同，开始写作。

虽然丛书中每本书只有10万字左右，但要在并不宽裕的时间内完成，并写出特色，实非易事。年轻人精力旺盛，估计问题不大；但60岁以上又有慢性病的老年人恐怕就很吃力了，我为其中一例。

为了赶时间，不拖后腿，我打算笨鸟先飞，趁身体尚能坚持写作时多写一点，以免前松后紧。我已72岁，加上糖尿病、10年前的脑血栓等几种慢性病缠身，是不能前松后紧的，而要比较均衡地支配时间，尽量往前赶。即便如此，还是抵挡不住疾病的困扰。果不出所料，2009年9月22日我第二次发生脑血栓。第一次脑血栓是左半边手脚不灵活，这次是右半边的手脚不灵活。右手写不了字，也拿不稳筷子；右脚抬不起来，走路费劲。此时只好以治病为先。打了半个月的吊针，加上吃药，经过一个多月的治疗，身体逐渐恢复。11月初，终于又能拿笔慢慢地写作了。虽然像蜗牛一样地爬，我也要把这部书稿爬出来。

这本书与别的“徐学”著作不同：①角度新，完全以人们已公认的“奇人”“奇书”为纲；②特别强调了地理学方面的学术价值，并进行了国内外的比较论述；③特别强调了在文化上的价值；④不仅介绍了徐霞客的生平事迹、历史地位、对后人的影响，还介绍了《徐霞客游记》的丰富内容、在科学文化史上的地位、在国外的流传情况，介绍了“徐学”和徐霞客研究会的兴起与发展情况。

这是一部全面介绍徐霞客及其游记的系统之作，亦是一本颇有新意的徐学著作，质量如何，让读者去评判，我已尽心尽力了。根据我的身体状况，估计此书可能是我的封笔之作了。所以，我要用心写好，不辜负主编和出版社的企望，不辜负广大读者的希望！书稿的完成，得到孙关龙、秦海两位先生的帮助，特此致谢！

杨文衡于2009年12月1日

第一章 奇人

一、志奇

（一）鄙弃科举立奇志

徐霞客被钱谦益称为“千古奇人”①。首先他奇在从小立奇志，不去追求科举考试，不走升官发财的路。尽管他完全有条件走这条路，但他不走；而是立志投身于大自然中，去探索自然、研究自然。

霞客从小聪慧用功，口述事物顺畅，拿起笔就能写文章；又好读书，博览古今历史及地理的书，以及一切有关探险旅游的书。为了不违背父母要他去参加科举考试的意愿，他勉强读经书，应付科举考试。《高士霞客公传》也说：“君少习举业，旋弃去。倜傥负奇，天下奇胜无不游，奇人无不交，奇事无不探，奇书无不鬻。”霞客的先辈是官宦人家，因此家中藏书不少，这给他纵览古今史籍、舆地志和探险游记等文献，提供了极为方便的条件。念私塾时，他常常用经书遮盖奇书，背着老师偷偷地看。对读书人来说，当时走科举做官的道路是黄金大道，一旦考取了举人、进士，就能升官发财。霞客的父母自然也希望儿子走这条黄金大道，要他好好在老师面前读经书，学作八股文。霞客非常理解父母的心情，绝不想违背两位老人的意愿，故勉强做应试的准备，可是心里很不乐意。徐霞客祖上三代在科场失败，对科场的腐败及种种黑暗手段非常了解。所以霞客第一次应试失败后，就毫不犹豫地掉头走别的路了。他读书万卷，积累了丰富的知识，故别人称他为“博雅

① （明）徐弘祖著，褚绍唐、吴应寿整理：《徐霞客游记》第1186页，上海古籍出版社1993年（以下文内所引原文均是这个版本，不再一一注明）。

君子”。他又拜缪昌期等一批著名学者为师，从他们那里学习哲学、文学、地理学、医学、风水、历史、宗教等中国传统文化知识。他为未来选择旅游做了充分的准备。由于他幼年就立下了游五岳的志向，故首次科举失利后即选择了自己非常喜爱的旅游这条路。他走出家门，走向社会，走向大自然，从旅游中探索大自然的奥秘，获得新的知识。他终其一生，用足迹丈量了半个中国。虽然饱受磨难，却用生命成就了中国和世界地理学史上的传奇。他用一己之力，穷极一生，在崇山峻岭中去探寻各个地区的地理答案。他“系统地观察和描写自然地理现象时所表现的超越前人的新方向”①，使他成了中国近代地理学的先驱，著名的旅行家、文学家和地理学家。2000年艾若在《〈徐霞客游记〉碑廊序》②一文中，首次尊称徐霞客为“游圣”，并得到学术界和地方人士的认可与赞同。从此游圣徐霞客传遍了全国。在明末清初，人们称徐霞客为“高士”，意为高尚出俗之士。如梧塍《徐氏宗谱》有一篇《高士霞客公传》，墓碑上写“明高士霞客徐公之墓”。

图1-1　霞客先生遗像

①侯仁之：《纪念作为时代先驱的地理学家徐霞客》，《地理学报》第37卷第3期。
②艾若：《〈徐霞客游记〉碑廊序》，《徐霞客研究》第8辑第222页，学苑出版社2001年。

（二）社会环境的影响

徐霞客故乡在江苏江阴。这里是鱼米之乡，交通便利，土地肥沃，河网交叉。往北走25千米是长江，往南走20余千米则是太湖。江、湖之间，既是经济发达的地区，也是人才辈出、思想活跃的地区。著名的东林书院设在无锡。东林党领袖人物高攀龙、缪昌期、文震孟、钱谦益、陈仁锡等都与徐霞客有很密切的关系。缪昌期还是霞客的老师和亲戚。徐霞客虽然不是东林党人，但他的思想，他对宦官阉党的态度和东林党人是息息相通的。

图1-2　徐霞客故居外景

以顾宪成为首的东林党人抨击朝政、针砭时弊，反对阉党集团专政，影响越来越大。他们引发了“非君”“抑尊”、制约皇权的思潮，但又抱着愚忠思想不放，其迂腐行为软弱无能、愚顽可笑，使得这些士大夫们终遭迫害。刚刚启蒙的新生学术思想和政治理念又一次被无情地绞杀，给一代知识分子以沉重的打击。但是东林党人开创和倡导的经世致用学风如新风清流注入学术领域，务实、求实、崇实，反对空虚，重实证的实学思想逐步形成。一批知识分子把注意力转移到自然科学领域，形成重实践、重实际、重实地考察的求是学风。徐霞客的实证思想就是在这样一种政治、社会背景和文化、学术环境下，迈出了具有科学意义的第一步①。

徐霞客故乡所在的苏、松、杭、嘉、湖五府地区，在明朝中后期商品经济发达，成了当时资本主义萌芽比较显著的地区。在纺织业中，出现了作坊主和雇佣工人，存在一定规模的自由劳动力市场，形成了机户出资、机工出力的资本主义生产方式。在民营矿业中，有的也采取了资本主义生产方式。商品生产刺激了农业生产，也出现了资本主义生产方式。徐霞客的家庭即受这种生产方式的影响。他的家庭生活既要依靠地租，也要依靠生产纺织品来维持。他家有多张织机和纺车，母亲率领家僮女婢纺纱织布，质量很好，丝绸轻薄软如蝉翼。买布和绸缎的人见了这种布和丝织品，就知道是徐家生产的。

商品经济的发展扩大了人们的眼界。周流千家万户的商品经济，促进了人们消费生活的扩大，也刺激了人们渴望了解家园以外的世界，探索新的天地②。

明朝封建统治阶级用八股取士来严格控制知识分子的思想，让他们皓首穷经，把一生精力都投入考取功名这条道路上去。在明朝中后期，由于商品经济活跃，使人们的思想也变得活跃起来。士大夫阶层从空谈理性转入经世务实、崇尚实学。许多知识分子主张思想自由，不受束缚。“不必矫情，不必逆性，不必昧心，不必抑志”。他们寄情于山水之间，把旅游当成与读书一样重要的事情对待，有人甚至说：“读未曾见之书，历未曾到之山水，如获至宝，尝异味。一段奇快，难以语人也。”形成了历史上前所未有的旅游热潮，尤其是徐霞客家乡最为突出。在旅游蔚然成风的情况下，不少知识分子从书斋中跑出来，投入大自然中，形成了前所未有的旅行家群体。在这些旅行家中，又有不少人

①刘汉俊：《公元1607年的背影》，《徐霞客研究》第16辑第59页，地质出版社2008年。

②刘志琴：《晚明世风与徐霞客的游记》，《徐霞客研究》第3辑第58~59页，学苑出版社1998年。

习惯写游记，成了当时比较普遍的现象。他们将游山玩水的心得和过程写入自己的作品中，或抒发性灵，或描述景物，因此明人别集中不乏模山范水的诗歌和游记。其中少数人则更进一步认真观察自然和社会，不满足于对自然风光的欣赏和对奇风异俗的涉猎，不满足于一般见识的游记，而是要写有见地、有思想、有价值的地理笔记。这在客观上使地理学从历史学的附庸下解放出来，逐步发展成为一门独立的学科。霞客与他稍前的王士性（1547—1598）是这些少数人中的佼佼者。他们有意识地进行实地考察，不但眼光比别人敏锐，而且思路比别人开阔，不但观察到他人所未注意到的事物与现象，而且开始从地理学的角度对这些事物与现象进行类比和分析，于是成就了《徐霞客游记》和《广志绎》这样辉煌的地理著作。他们两人的成就，标志着我国古代地理学发展的重大转折①。

（三）家庭环境的影响

徐霞客的高祖父徐经（1473—1507）进京会试，因考官受贿被牵连，终身禁止他参加科举考试，35岁就死了。曾祖父徐洽（1497—1564）参加七次会试全都失败。祖父徐衍芳（1523—1564）也累试不中，因苦读过累而早逝。徐氏三代科场悲剧并不是他们不用功、无能，而是徐氏家族学风与科举制度格格不入造成的。徐氏家族学风提倡博览群书，对经书、诸子百家、汉唐文词及舆地图经都广泛涉猎，作文赋诗讲究抒发内心世界。治学不拘泥于圣人之言、章句之学，只注重经书的大意。这种学风与当时科举定式作八股文难以吻合。加上科场腐败黑暗，因此徐氏三代的科场厄运不可避免。祖上三代科场悲剧使徐霞客的父亲徐有勉（1545—1604）对科场寒心，下决心不再应试，断绝当官的念头。他厌恶达官贵人，不与权贵交往，而把兴趣放在园林与山水之间。徐有勉的这种兴趣爱好，自然会对儿子产生很深的影响。特别是霞

①周振鹤：《徐霞客与明代后期旅行家群体》，《徐霞客研究》第1辑，学苑出版社1997年。

客父亲去世后，家庭经济衰落，社会地位下降，常常遭到权势小人的白眼和欺负，使他深切体会到人世间的炎凉和社会的不公平。对此，他深深厌恶，想远离它，去名山大川中问奇和探秘，以此来摆脱尘世的烦恼，走一条思想自由，人身自由，从大自然中学知识的道路。这是一个远大的理想，是一个与众不同的奇志。霞客母亲开明贤惠，支持他的远游志向，对他说志在四方是男子汉的事情，不能因为我把你困在家中，像笼中的鸟、驾辕的马那样。她又亲自为儿子做远游帽，鼓励他去远游。家庭环境促使霞客更加放心地外出旅行，成就了他一生热爱的旅行事业。

二、问 奇

（一）从喜爱旅游到制订旅游计划

徐霞客从小就很喜爱旅游，其旅游活动很自然是从家乡开始的。少年时代游了江阴君山，15岁时游了长江南岸的一些山。20岁时，“泛舟太湖，登眺东、西洞庭两山，访灵威丈人遗迹。”洞庭东、西两山位于苏州市西南，一个是三面临太湖、风景如画的半岛，一个是四面临太湖，景色醉人的小岛，有众多的名胜古迹。东山南宋神塑十八罗汉，西山“第九洞天”都很有名。包山有个林屋洞，《郡国志》说，林屋洞东通王屋，西达峨眉，南接罗浮，北连岱岳。霞客认为这个说法不可信，岩洞不可能通那么远。当他游完此洞，更坚信《郡国志》的说法是错误的。至于春秋时期，吴王阖闾派灵威丈人到林屋洞探寻大禹治水时用过的素书一事，也只是传说而已，无法证实。这次旅游不仅丰富了徐霞客的知识，陶冶了情操，也为他日后的远游，亲自探寻300多个洞穴打下了基础，是一次很好的实习。

22岁以后，徐霞客遵照母亲的嘱咐，作“有方”之游。孔夫子说：“父母在，不远游，游必有方。”[①]即先把旅游计划告诉母亲，按时往返，不让老人牵挂。这种旅游方式直到天启五年（1625）他母亲去世以后才有所改变。这个时期的旅游为短期旅游，少则半个多月，多也不超过三个月。如天启三年（1623）游嵩山、太华山（即华山）和太和山（即武当山），从二月初一至四月初九，共两个月零八天，算是最长的一次。

霞客从22岁到51岁，约30年，游历过的地方除今江阴、无锡、宜兴、常州、苏州、丹阳、镇江、扬州、南京等江苏之地外，还有今浙江、安徽、山东、河南、河北、北京、天津、陕西、山西、江西、福建、广东、湖北等地。这个时期他旅游的目的，是实现幼年立下的游五岳的志向，仰慕名山大川而游。除五岳外，还曾游天台山、雁荡山、黄山、白岳山（今安徽齐云山）、武夷山、九华山、庐山、太和山（今武当山）、罗浮山、盘山、五台山等。其中黄山、天台山、雁荡山还游过多次。

母亲去世以后，霞客的旅行进入了第二个时期。这个时期他旅行的路线和时间逐渐放长，如崇祯六年（1633）他北上京师（北京），游盘山，继而西去五台山、恒山，然后折向东南福建，历时约四个月。崇祯九年（1636）九月至崇祯十三年（1640）六月，用了三年零九个月的时间在西南地区作万里畅游，也是最后一次旅行。他从家乡江阴马镇出发，经浙江、江西、湖南、广西、贵州、云南，又经四川、湖北、安徽而回归故里。这个时期他旅游考察的目的较第一个时期的慕名山大川而游有了发展，其表现有两个方面：

第一，在心理上没有了对老母的牵挂，虽然还有家庭牵挂，但已摆在次要位置，摆在旅游之下。因此，这时的旅游是以性命游，就是说

①见《论语·里仁篇第四》第43页，中华书局1962年。

把生死置之度外，有青山处处埋忠骨的心理准备。旅行考察时可以做到不计程，不计年月，风餐露宿，无论什么困难也不能阻止前行。比如湘江遇盗后，霞客去求老乡金祥甫作保向桂府（藩王府）借十两银子，托祥甫归家取还，这样他即可继续西南游。然而祥甫不答应，说藩府无银可借，你要返回故乡，我可以另想办法。霞客听了这话，心想：如果我遇到困难就回家，回去后再觅资重来，“妻孥必无放行之理”。霞客决心不回家，不能改变远游计划。西南行不能推迟，“老病将至，必难再迟”。

第二，在旅行考察内容上，更注重科学内容，有了总结考察成果的专著，如《江源考》《盘江考》以及总结岩溶地貌各方面带规律性的系统纪录等。考察内容也更广泛，除了问奇于名山大川外，还涉及工商经济、交通运输、民俗民生、边疆治乱等社会情况，特别是对西南地区的山水源流、自然资源、地质地貌都进行了比较深入地考察与探究，突破了古代文人山水之游的水平，也突破了中国古代地理学偏重沿革地理的水平，走上了探索大自然奥秘的科学之路。他是中国近代地理学的开拓者。

按照《徐霞客游记》的记载和亲友的文章，徐霞客谈到旅行计划时有16项：

1.霞客幼年就有游五岳的志向；而玄岳（即元岳，今武当山）在五岳之上，他尤其仰慕心切；很久以来就打算经过襄阳府（今襄樊市）、郧阳府（今郧阳县），去攀登华山；由剑阁关走褒斜谷栈道去峨眉山。但是由于母亲年老，必须要改变计划，不得不先游太和（今武当山），这样仍然属于有方之游，这是他最早的旅行计划。鉴于母亲年纪大了，需要儿子照顾，因此对原计划做了适当的调整。

2.霞客说，我的志向在四川的峨眉，广西的桂林，以及陕西的华山、山西的恒山诸山；若是广东的罗浮山、湖南的衡山，则排在其次了；至于浙江的五泄（瀑布），福建的九漈（瀑布），则排在第三位了。然而四川、广西、陕西关中，道路远，因母亲年老，现在不能马上

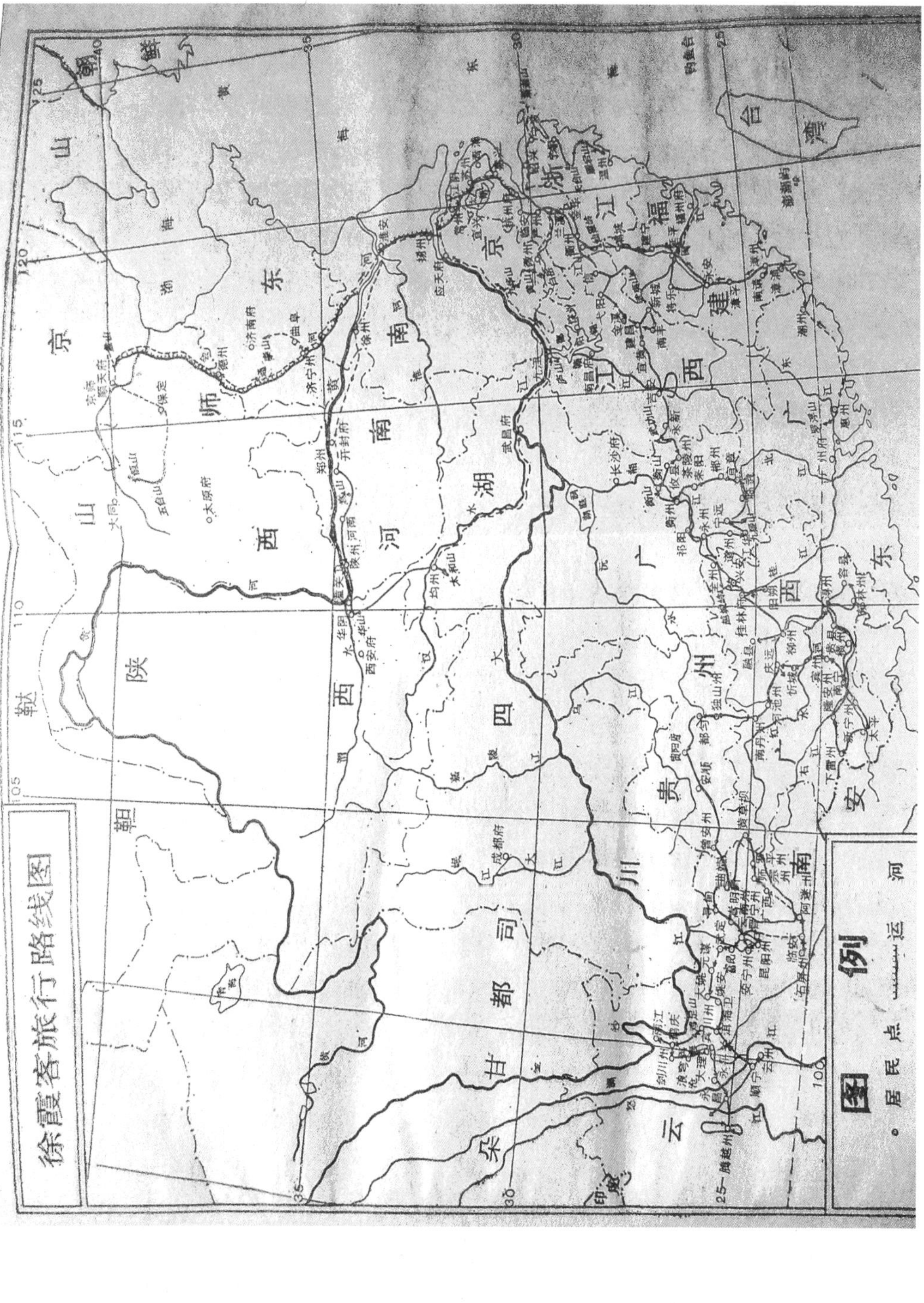

图1-3 徐霞客旅行路线图

去游，湖南衡山可以假（借）道，不必专门找时间去游。那么比较近的地方，就是由江郎三石去九漈了。这是他计划要去的地方，并安排了先后次序。他早就立志要游峨眉山，但始终未能实现，是他一生的遗憾。

3.崇祯元年（1628）仲春，霞客起兴为福建、广东游。

4.崇祯三年（1630）春，漳州司理叔催促霞客到他那里去。霞客原来打算这年暂停旅游，而漳州派来催他的人络绎不断。加上叔祖念莪翁，高龄冒酷暑来家坐着催促他走，没办法，故于七月十七日启程。

5.崇祯六年（1633）七月二十八日，霞客从北京出发，去五台山旅游。

6.崇祯九年（1636），霞客说我早就打算去西南游，因故拖延了两年。现在人也老了，身体又有病，因此，去西南游的计划不能再延迟了。他催促自己赶快实施。

7.崇祯十年（1637）湘江遇盗后，在衡阳旅店霞客决定：我先去道州，游九嶷山，留静闻在衡阳等着我。等我从九嶷山回衡阳后，再一同前往西南。这样，静闻可以坐在这里等我，而我则可以抓紧时间出游，这岂不是两个人都方便吗？这是临时决定的短途旅游计划。

8.崇祯十一年（1638），普安南面，罗平东面，由黄草坝，即安隆坝楼那里下田州，出南宁这条路。霞客起初有些犹豫，徘徊在田州界上，当地人都说不可行，他等候了很久也无同伴，最后竟然没有从这条路走，这就是中路。中路为南盘江进入广西，流出贵州的地方。这是霞客听信了别人关于道路不可行的话，加上没有游伴而改变了旅游计划。

9.崇祯十一年（1638），霞客说，当初，我想从沾益去考察北盘源委，至交水，龚起潜为我讲得很清楚，皆凿凿可据，故改变了计划，往回走，由寻甸去省城昆明。这也是听信了别人的言论而改变旅游计划。

10.崇祯十一年（1638）十月初三，阮玉湾邀请霞客游海口石城，妙高胜地，霞客推辞说去晋宁的打算不能推迟了，因为在这里逗留太久了。阮又说："缅甸不可不一游，请以腾越庄人为导。"霞客表示同意。一个月后，十一月初一日，霞客早晨起来先写信，叫顾行把信送给阮玉湾，把阮玉湾的导游缅甸书拿回来。这是由于朋友提议而引发的新的旅游计划。

11.崇祯十一年（1638），霞客原来的打算是想从金沙江往雅州，考察峨眉山，滇中人都说这条路很久不通了，不可行，必须回省城昆明，再借道贵州而出遵义。霞客不相信。临行时，与吴方生作别，方生执衣袖黯然曰："为什么不由黔入蜀？回来我们还能相聚。"霞客嘴上不说，而心里已很犹豫。这时见方生告诫恳切，故决定改变计划，不由金沙江往雅州考察峨眉山了。这是又一次临时改变旅游计划。

12.腾冲潘捷余（秀才）劝霞客不要出关去缅甸，店中老人也来劝他不要去。先是霞客把阮玉湾的信交给杨主人，托他找一个同伴同去缅甸。主人嘴上答应。到了晚上，杨主人说是潘秀才请喝酒。席间，他们几个都劝霞客不要去缅甸，说缅甸那边"炎瘴正毒"，千万不要把性命轻易抛掉。马上就到八月了，缅甸的王君又要来腾冲，那时跟他一起进入缅甸最方便。霞客只好暂时答应。这是当地人劝霞客不要急于出关去缅甸，因为"炎瘴正毒"，因此，霞客去缅甸的计划没有实现。

13.徐霞客为了查清澜沧江的走向，打算南下考察。后因一位当地人讲清楚了此事，才取消了南下考察的计划。

14.霞客说，这里是乌龙坝南来大脊……但是不知道这就是南龙大脊。我是二月十三从鹤庆度大脊往西，盘旋西南地方半年多，又再度翻越此脊北返；计算了一下，离家乡已三年，翻越大脊来回穿梭，不异于梭子织布呀！我也搜访南龙大脊几乎有四十年，到这里才算是到了西边的尽头。又到此而遇见一位志同道合的人，也算是奇缘了。这是霞客讲考察南龙大脊计划实施情况。

15.徐霞客致信陈继儒说，决定西南游，从贵州过碉门和铁索桥。计划八月出发，第二年春初当从丽江出番界（今西藏地区）。后来出番界的计划没有实现。

16.徐霞客与陈函辉谈他半生旅游经过，说万历丁未（1607），始游太湖，登眺东、西洞庭两山，访灵威丈人遗迹。万历己酉（1609）游山东、河北，上泰山。万历癸丑（1613）游浙江落迦山，雁荡山，陕西华山。万历甲寅（1614）冬，游南京、扬州。万历丙辰（1616）游黄山、白岳山、武夷九曲，浙江五泄、兰亭。万历丁巳（1617）家居，与母同游宜兴善卷、张公诸洞。万历戊午（1618）游庐山、黄山、九华山。泰昌庚申（1620）游福建仙游县九鲤湖，浙江江山青湖，观江郎山景色和钱塘江潮。天启癸亥（1623）游嵩山、华山、玄岳（今武当山），途经徐州、开封、湖北等地。徐霞客还打算去昆仑海外游。崇祯丙子（1636）九月，出游浙江、江西、湖南。崇祯丁丑（1637）正月，游衡山，穷七十二峰、十洞、十五岩、三十八泉、二十五溪之灵奥。思念以前，游峨眉山不顺畅，打算从蜀道登峨眉，北抵岷山，极于松潘。又南过大渡河，至黎雅瓦屋、晒经诸山，复寻金沙江，极于牦牛缴外。由金沙而南泛澜沧，由澜沧而北寻盘江，大约多在西南诸彝境，而贵筑、滇南之观亦几尽。由鸡足而西出石门关数千里，至昆仑，穷星宿海。发愿复策杖西番，参大宝法王。这次谈话，把徐霞客的游踪基本概括在内，但有些地方因条件不成熟，徐霞客只是打算去游，实际上没有游。可能是陈函辉的理解和记录有误，至今引起学术界的争论。

从这16项有关徐霞客旅游计划的文字可知，在徐霞客心里，早就有了一个比较详细的旅游计划。在实施计划过程中，根据当时的实际情况做了调整。原计划有的，可能少部分割舍了；原计划没有的，可能又临时增加旅游地点。正因为如此，所以他的部分游踪成为当今“徐学”研究的争议之点，比如他是否去过峨眉山、大渡河、松潘、西番、星宿海、昆仑等地，至今还没有定论。

（二）问奇

霞客除了从文献上查找需要去旅游的风景名胜、洞穴山川外，大量的旅游点还是从僧人、朋友、老百姓那里问出来的。比如：

游天台山时，霞客就跟国清寺僧人云峰商讨探奇的先后顺序，云峰说：“名胜无如两岩，虽远，可以骑行。先两岩而后步至桃源，抵桐柏，则翠壁、赤城，可一览收矣。”

游嵩山时，问下山道，导者曰：“正道从万岁峰抵麓二十里，若从西沟悬溜而下，可省其半，然路极险峻。”霞客听说“路极险”而喜形于色，说嵩无奇，以无险耳。赶快从险道走，拄着拐杖前行。

游福建时，一牧人言：“由丹枫岭而上，为大道而远，由二十八都溪桥之左越岭，经白花岩上，道小而近。”霞客听说有白花岩，非常高兴，即使迂道也要走这条路，何况还近呢！中峙一庵，即白花岩也。僧指其后山绝顶，峦石甚奇。

游江西贵溪时，旅店老板舒龙山给霞客介绍当地的名胜，说：“此中南山之胜非一：由正南门而过中坊渡一里，即为象山，又名挂榜山，乃陆象山之遗迹也，仰止亭在焉；其西南二里为五面峰，上有佛宇峰，下有一线天，亦此中之最胜也；其南一里为西华山，则环亘而上，俱仙庐之所托矣；其北二里为小隐岩，即旧名打虎岩者也；出小隐二里为仙桥，乃悬空架壑而成者。此溪南诸胜之概也。”霞客听完，已经高兴得心跳加快，兴不可转。

游湖南永州时，霞客见一长者，问此地有哪些名胜，长者曰：“溯江而南二里，濒江为朝阳岩，随江而北，转入山冈二里，为芝山岩，无得而三也。”霞客即按长者说的走。

游云南保山玛瑙山时，徐霞客听完马元康介绍当地名胜后说：“余闻之，既喜此中之多奇，又喜元康之能悉其奇，而余之得闻此奇也。地主山灵，一时济美，中夜喜而不寐！”徐霞客听人介绍当地有许多奇胜，即欢喜得夜不能寐。可见他旅游的目的之一是寻奇、问奇与探奇。所谓奇，是少见之物，少见的自然现象。通过探奇，就能有新的发现，有新的知识产生。这是《徐霞客游记》这部奇书之所以能够产生的重要原因之一。

类似的例子还有很多，不一一列举了。

（三）游资来源

徐霞客长期外出旅游，他的游资从何而来？这是人们关心的问题。而要回答这个问题，也只能从《徐霞客游记》中来探寻。游资应该包括

表1-1　徐霞客旅游资金来源表

资助者	方式	页码	资助者	方式	页码
资金主要由家庭负担	地租、作坊得来的钱	208	眉公(陈继儒)	修以仪（仪：礼物，指钱）	94
竺震上人	以香林程资馈	260	湛融师	借银十两	95
衡阳桂藩王	银十四两	260	金祥甫	借银二十两	208
莱斋僧	以金赠	470	刘明宇	捐赠钱两千，一些绢布	209
周文韬(官)	送程仪	494	太平州帅李恩祀	程仪之馈	473
黄绍伦(官)	赐宋钱、棉衣、唐巾、细裙	498	黄绍伦(官)	馈青蚨为寓中资	495
农国琦(官)	馈程仪	519	黄绍伦(官)	送银镯	499
冯润(官)	送银一两	581	陆万里(官)	送路费、马牌及衣、袜、裤、履	541 543
萧来凤(官)	送程仪	604	刘弘勋(官)	馈程甚腆	598
金重甫(儒商)	奉少量酒资	675	莫伋(官)	送米、肉、酒	610
唐玄鹤(官)	送棉被、棉袄、夹裤、路费	757 762	何别驾	送程仪	691
阮仁吾(朋友)	送番帨、香扇	757	傅良友(官)	送酒、鸡肉	759
周恭先(朋友)	送路费	788	唐大来(朋友)	送钱	762
阮玉镨(朋友)	送路费	788	阮玉湾(朋友)	送路费	788
闪太史(朋友)	送路费	1060	遍周师(僧人)	送钱	851
丽江木公	送银十两、银杯两只、绿绉纱一疋、铁皮褥一张、黄金四两、红毡、丽锁	875 880 882	纯一(丽江木府解脱林主僧)	赠古磁杯2、薄铜鼎1、芽茶	885
吴参府	送程仪	1011	潘捷余(朋友)	送翠生石两块	1011
苏玄玉(朋友)	送华茶竹方环	1011	俞禹锡(朋友)	送钱	1028

注：页码项，指上海古籍出版社1993年版《徐霞客游记》中的页码。

资金、住宿、吃饭、交通费等，现把相关的资料列成表1-1。

由表1-1可知，徐霞客的游资除家庭负担外，沿途各方面的朋友对他的资助也起了很大的作用。有些人的资助虽然没有具体数目，但也不会少得拿不出手。除了现金之外，还有各种物资，这些物资在困难时也可以变成现金。特别是丽江木府的礼品是最多的，这对徐霞客的旅游无疑是最好的帮助。

徐霞客的朋友除了用现金或物资资助外，还用免费吃、住来资助他。这方面的资助当然也是非常有效的，实实在在的。这主要表现在以下五个方面：

①沿途寺庙几乎都为徐霞客提供免费吃、住，当然个别寺庙也要求他施舍，不能免费。

②自从在广西三里城获得镇江人陆万里（参戎）的马牌后，从崇祯十年十二月二十三日至次年二月十三日，在三里城的50天都由官府接待，吃住免费，交通也免费。从崇祯十一年二月十三日至三月二十八日，在广西境内，马牌管用，由公差或用马，或派人抬轿子送徐霞客，一路吃、住、交通均免费。到了贵州地界，广西发的马牌不管用了，徐霞客又要自费旅游。

③在鸡足山来回，都是各个寺庙的大师招待徐霞客，吃住免费。

④在丽江木府期间，也是知府木增招待，免费吃住。

⑤在游云南保山石城时，由于有少数民族头领早龙江的帮助，吃住由当地老百姓或驿站负担，免费吃住，免费导游。

由以上5项内容可见，徐霞客在旅游过程中获得的资助内容是很广泛的，各地的官员、僧人、朋友、少数民族、老百姓都支持徐霞客，为徐霞客出钱、出物资、出力，才使得徐霞客的旅游得以完成，他的奇志得以实现。应该说，是全国各族人民支持了徐霞客，培养了徐霞客，成就了徐霞客。

三、探奇

（一）旅游让他身心快乐，心灵净化，获得新知识

一个人要想成就一番事业，首先必须热爱这项事业，狂热地追求，一心一意扑在事业上，全力以赴。徐霞客对待探奇旅游就是如此。徐霞客的成功始于探奇旅游，由于探奇旅游的成功，才有后来地理学、文学、历史学的成功。如果没有探奇旅游的成功，谈不上其他成功。所以，对徐霞客及其事业来说，探奇旅游是核心、是基础、是关键。只有探奇旅游这一步走好了，才能见多识广，积累新的知识，创造新的文化，才能有后来的旅行家、游圣、地理学家、文学家这一系列的成就，才有奇书《徐霞客游记》的诞生。清朝康熙年间，奚又溥已看到了这一点，指出："是非先生之人之奇，不能有此游之奇，而非先生之游之奇，亦不能成此书之奇也！"此话说得十分在理、深刻。

徐霞客狂热地追求探奇旅游，从22岁至56岁，三十多年几乎年年出游。最后是西南万里游，用了三年零九个月的时间，直至病逝，把一生献给了旅游事业。他对探奇旅游的狂热，用唐泰的话说是"半若痴顽半若颠，搅扰天地年复年"。他对探奇、探险的看法是："凡岩幽者多不畅，畅者又少回藏映带之致。""谓嵩山无奇，以无险耳。"就是说，要想探奇，必须探险，奇与险是紧密相连的。又说："余谓游不必骑，亦不必同……余之欲行者，正恐其同，其不欲同者，正虑其骑也。"这就是说，旅游中要想探奇，就不能骑马，要步行；也不要走相同的路，这样才能看见更多的奇景。

徐霞客在探奇旅游中很少谈到苦、累，谈得最多的是乐、喜、狂喜、欲舞、大快等词。比如：游天台山时，"云散日朗，人意山光，

俱有喜态。雨后新霁，泉声山色，往复创变，翠丛中山鹃映发，令人攀历忘苦”。阳光山色都在欢迎他，他心中高兴，早把爬山的辛苦忘掉了。“入山，峰萦水映，木秀石奇，意甚乐之”。

游庐山，他说：“其下喷雪奔雷，腾空震荡，耳目为之狂喜！”

游黄山登莲花峰后，他说：“四望空碧，即天都亦俯首矣。盖是峰居黄山之中，独出诸峰上，四面岩壁环耸；遇朝阳霁色，鲜映层发，令人狂叫欲舞！”在这里，他不仅看到山色之美，而且看出莲花峰比天都峰高。这是他两游黄山，亲自考察了天都、莲花两峰后，经过比对，才纠正了前人的错误说法——天都峰比莲花峰高。明确指出莲花峰“其巅廓然……即天都亦俯首矣。盖是峰居黄山中，独出诸峰之上”。现代的测量证明，徐霞客的判断是正确的。莲花峰海拔1867米，天都峰海拔1810米，两峰高差仅57米。徐霞客从旅游考察中获得了宝贵的新知识。

徐霞客在游完华山，经商州境南时，只见“浮云已尽，丽日乘空，山岚重叠竞秀，怒流送舟，两岸浓桃艳李，泛光欲舞；出坐船头，不觉欲仙也”。他把自身与大自然美景融合，在欣赏美景春光的同时，他的思想、情感也被纳入仙界境地。

在游福建将乐时，他说：“旭日耀芒，群峰积雪，有如环玉。闽中以雪为奇，得之春末为尤奇。村氓市媪，俱曝日提炉，而余赤足飞腾，良大快也！”表现了一个非凡旅行家的风采、风度与乐观情怀。别人在享受家庭温暖的时候，赤脚大仙徐霞客则在雪地上快乐地飞奔，世上罕见的奇人！

徐霞客和静闻游浙江兰溪北山时，他说：“甫至峰头，适当落日沉渊，其下恰有水光一片，承之晃漾不定，想即衢江西来一曲，正当其处也。夕阳已坠，皓魄继辉，万籁尽收，一碧如洗，真是濯骨玉壶，觉我两人形影俱异，回念下界碌碌，谁复知此清光？即有登楼舒啸，釃（Shi）酒（斟酒）临江，其视余辈独蹑万山之巅，径穷路绝，迥然尘界之表，不啻霄壤矣。虽山精怪兽群而狎我，亦不足为惧，而况寂然不动，与太虚（太空，仙境）同游也耶！”这里徐霞客不仅把自身融入大自然，也把尘界与仙界融合，他虽然游的是尘界，但跟仙界游没有什么不同。反映了徐霞客受道教思想的影响很深。他很了解道教的规制，也常常思慕道教的仙宫、仙界。

游浙江衢州时，他说："江清月皎，水天一空，觉此时万虑俱净，一身与村树人烟俱镕，彻成水晶一块，直是肤里无间，渣滓不留，满前皆飞跃也。"这是很典型的把自身与大自然融合，使人的思想得以陶冶净化，一切私心杂念、思想渣滓尽去，使思想纯洁得像水晶一样，里外透明，来一个大飞跃，达到新阶段。这是徐霞客通过旅游来锤炼思想，追求个性自由、思想自由。这也是他作为奇人的思想特征之一。

游湖南茶陵麻叶洞时，霞客到附近村子里想找个向导，但村里人只答应供给火把，不敢带路进洞。说是洞中有神龙精怪，会伤人。最后霞客用重金雇了一个人带路，将要脱衣入洞时，那人突然问霞客："你是法师吗？"霞客答："我是读书人，不是法师。"那人说："我以为你是大法师，才敢跟你进去。你是读书人，岂能降龙伏妖？我不能拿性命陪你。"说完就走了。霞客只好把行李寄存在村里，与仆人顾行一起持火把入洞。村民们听说有人入麻叶洞了，简直是晴天霹雳，纷纷赶来看热闹，聚集在洞口。霞客跟顾行转了几个小洞才到洞底。这里比洞口稍宽，再往前只有直径两尺的小洞口。他们伏下身子像蛇一样爬行。过了这一关，洞顶升高。可是不多一会儿，又要过第二关，再往里才宽敞起来。往东南方向有一峡，峡底干枯无水，峡东南乱石架成楼台。洞内石质光莹，垂柱倒莲，形同雕刻。此洞中第一奇也。往北再走半里，洞分上下两层，看到洞侧有一石床，上面的石钟乳像莲花一样下垂，连络成帏，四围垂幔。床后西壁，玉柱矗立，颜色莹白。这是一个藤瓜式和楼房式结构相结合的洞穴，里面的石钟乳、石幔、石柱等石灰沉积物，在火光照耀下闪闪发光，形态各异，非常美丽壮观。可惜他们火把带得不够，不能再往里走，只得返回。出洞后，恍若脱胎易世。可以说这是一次冒着生命危险的探险猎奇，洞外看热闹的人见主仆二人安全出洞，才松了一口气，也非常佩服他俩。霞客向大家表示感谢，说：我跟大家一样，是平常人，只不过是为了探胜罢了。霞客将此洞与别的洞比较，认为“余所见洞，俱莫能及”。这么美好的洞，“不知道当地人为什么这么害怕入洞”。

在湖南兴宁，他说：“揽山水之胜，过午不觉其馁。”达到了忘记吃饭的地步。

游广西阳朔龙洞岩时，霞客称赞：“此真群玉山头蕊珠宫里也。”“余与静闻高憩悬龙右畔，飘然欲仙，嗒然丧我，此亦人世之极遇矣。”这种使人欲仙的美景，若不是亲自入洞考察，哪里还能见到？

游广西桂平会仙岩时，徐霞客说：“五里之云梯杳蔼，千秋之鹤影纵横，非有栖霞餐液之缘，谁得而至哉！时已过午，中有云寮，缩钥已久，灶无宿火，囊乏黄粱，无从扫叶煮泉，惟是倚筇卧石，随枕上之自寐自醒，看下界之云来云去。”他游得兴起，忘了吃饭时间，饭店也已封火。他口袋里也没有粮食，做不了饭，只好忍饥挨饿，干脆睡觉。再次展示了徐霞客为了游美景而忘记吃饭的境界。

游广西南丹羊角冲时，徐霞客说：“自桂林来，所见穿山甚多，虽高下不一，内外交透，若此剜空环翠者，得未曾有。此地极粤西第一穷徼，亦得此第一奇胜，不负数日走磨牙吮血之区也。”南丹羊角冲这个地方，是广西西部最穷困的地区。但是在这里徐霞客看到了最特殊的穿山，是此地的第一奇胜。虽然数日来，走的都是石灰岩地区最难走的路，但很值得。

游贵州步雄时，徐霞客与顾行住进一户穷人家，“虽食无盐，卧无草，甚乐也”。

在鸡足山，霞客说：“度除夕于万峰深处，此一宵胜人间千百宵！”“煨芋煮蔬，甚乐也。”游鸡足山时，霞客说：“瀑布从西南透峡，玉龙阁跨之……觉此身非复人间。”他游鸡足山很快乐，感觉这个佛教圣地犹如极乐世界，非复人间。

游大理清碧溪时，徐霞客掉入水潭中，跃出水面后，“踞石坐潭上，不特影空人心，觉一毫一孔，无不莹澈……冷堪涤烦”。在这里，他没有遇险后的畏惧，而是觉得水洗去了心里的烦愁，心底透明，无丝毫杂念。人与大自然融合，天人合一，会使人心干净、透明，这是大自然的净化功能。如果人回归大自然，亲近大自然，那么人心会干净许多，一切功利、逐利、私利的思想会淡化，人也就无烦愁了。这也是徐霞客旅游的目的之一，是跟别的旅游者不同的地方。

通过游云南保山卧佛岩，徐霞客知道“此洞之奇，在南穿甑穴，层上井口，而复得直入之洞；盖一洞而分内外两重，又分上下两重，又分南北两重，始觉其奇甚也”。他通过这次探寻卧佛岩，得知此洞之奇甚。奇在什么地方呢？奇在洞穴结构很奇特，一个洞里面，既分内外两重，又分上下两重，还分南北两重。这种新的知识，若不是他亲自入洞探奇，哪能得到？所以，探奇是徐霞客获取新知识的重要途径之一，是他开辟中国近代地理学方向的重大实践。

（二）诚恳待人，结交游伴

徐霞客在其一生旅游过程中，结交了许多的游伴，有的长久，有的临时。无论长久与临时，他都诚恳对待，平等待人，这是徐霞客做人的原则。他结交的游伴很多，不可能一一介绍，这里只介绍几个主要的。

莲舟上人，江阴迎福寺僧人。徐霞客与莲舟相识，据田柳先生研究是霞客的岳丈许学夷介绍的。作为游伴，莲舟与霞客同游天台山、雁宕山（雁荡山的异名）。

静闻，江阴迎福寺法师，莲舟上人的徒弟。他因为要把自己用血写成的《法华经》送往鸡足山为供，故与霞客结伴西南游。湘江遇盗后，他为霞客寻找衣物、书籍，帮了大忙，惜病逝南宁。霞客承诺携静闻遗骨到鸡足山下葬。两人相互尽到了朋友的职责，是朋友的典范。

顾行，徐霞客在老家雇用的仆人，是霞客重要的游伴之一。跟随徐霞客西南万里游，一路上既要挑行李，还要做饭。有时还要陪主人一起爬山入洞进行考察，相当辛苦。也许是离家太久了，想早点回家，因而从腾冲回到鸡足山后，他趁主人一时疏忽之机，拿到钥匙，便开箱取走贵重物品，不辞而别，丢下霞客逃回了老家。对此，徐霞客十分宽容，阻止僧人们把他追回。说：“追或不能及，及亦不能强之必来。亦听其去而已矣。但离乡三载，一主一仆，形影相依，一旦弃余于万里之外，何其忍也！”霞客诚恳待人的品德彰显无遗。

许学夷（1563—1633），字伯清，人称许仲子或许山人，是明代后期江阴著名学者和诗人，徐霞客的岳丈。他曾陪同青年徐霞客畅游过无锡惠山、太湖及东西洞庭山；以后又陪徐霞客游了黄山、武夷山等地。

徐仲昭，字遵汤，霞客族兄。长于文辞，对仕禄名位十分淡薄，著有《清游集》《叶塍集》《古勺集》等；曾陪同徐霞客两次游过天台山、雁荡山，也曾和霞客同游过燕京蓟门。他还为《徐霞客游记》的出版多方奔走，把《溯江纪源》一文收进《江阴县志》中，对保存徐霞客的资料起了很大的作用。

许浔阳，霞客叔岳，跟霞客一块同游白岳山、黄山、武夷山。

徐雷门、徐白夫，霞客族兄，跟霞客同游庐山。

徐芳若，霞客族叔，与霞客同游福建九鲤湖。

此外，还有不少临时遇见的游伴，如：

游白岳山时，有羽士汪伯化同行。

游黄山时，随樵者行久之，僧挥印引登莲花庵，令其徒引。又遇游僧澄源至，决意游天都。澄源教霞客登山的技术，使之学会了“蛇行而上，攀草牵棘”的上山方法；又学会了“前其足，手向后，据地坐而下脱”的下山之法。

游庐山时，僧知觉非常熟悉三叠瀑布的形胜，言道路极艰，促其速行。

游云南保山石城时，中台寺老僧号沧海者，陪霞客游石城。经过考察，霞客才知道，所谓“石城”，“非环转之城”，而是峡谷“围三缺一，屏则界一为二，皆不可谓之城；然峡之杳渺障于内，屏之突兀临于外，此南垂屏峡之交，正如黄河、华岳，凑扼潼关，不可不谓险之极也。”原来所谓的石城，是一处类似潼关附近的险要地形。徐霞客通过实地考察，揭开了石城之谜，让人们知道了石城的本来面貌。

（三）文化旅游

徐霞客在旅游过程中，随处都在爱护文物，保护文化遗产；又积极热情地向边境少数民族地区传播中原文化；同时他自己也一路创造新文化。

1. 爱护文物、保护文化遗产。

徐霞客在旅游过程中爱护文物、保护文化遗产的事迹分两个方面：一是碑刻；二是摩崖石刻。

① 碑刻。

表1-2　徐霞客在旅途中遇到的碑刻资料

序号	时间(年)	地点	名称	记录
1	1616	安徽白岳山	明代齐云山玄天太素宫碑	
2	1618	江西庐山	明代周颠仙庙碑	
3	1623	河南嵩山	宋题名石柱、唐碑、宋元碑、元代《茶榜》、唐代《戒坛记》碑	
4	1623	湖北太和山	宋代《第一山》碑	
5	1636	浙江金华	宋陆游《智者寺重建记》， 鹿田寺有明代屠赤水(即屠隆)《游记》碑、 “双龙洞”碑、“冰壶洞”碑、上洞寺明代黄贞父碑	恨无拓工，不能得一通为快 读黄贞父(即明代黄汝亨)碑
6	1636	江西贵溪	元代赵松雪碑	
7	1637	湖南九嶷山	宋代《永福禅寺记》	亟读之
8	1637	湖南郴州	明代《苏仙碑》	摘录
9	1637	湖南祁阳甘泉寺	宋代《甘泉铭碑》	有拓片，邹大书，张小楷，笔势遒劲，可称二绝
10	1637	湖南祁阳浯溪	中兴摩崖颂	要去拓片
11	1637	广西全州	宋代赵彦晖诗碑	
12	1637	广西兴安读书岩	古殿中有碑	以瓦磨墨录其碑
13	1637	桂林独秀峰	元代《太平岩记》《大悲尊胜》碑	

序号	时间(年)	地点	名称	记录
14	1637	桂林华景洞	《诸葛碑》及明碑两通	
15	1637	桂林龙隐洞	《元祐党人碑》	
16	1637	桂林西山	有碑	拭碑读之则西山也
17	1637	阳朔田家洞	王之臣《开岩记》	读记始知兹岩即土人所称田家洞，即古时所志为白鹤山者
18	1637	阳朔来仙洞	李杜《来仙洞记》	详细录下此记，收入《徐霞客游记》中
19	1637	桂林	陆务观碑两通	令拓工拓片
20	1637	桂林七星岩三教庵	《碧虚亭铭》	《水月洞碑》有拓片，录《漓山祠记》，拭碑读之，知为天庆岩
21	1637	柳州	柳书《罗池题石》	拓者家市所拓苏子瞻书韩辞二纸，得《罗池题石》拓片
22	1637	广西横州乌蛮滩	明代王贞吉《乌蛮滩碑》、宋代任粹《乌蛮滩庙碑》	碑古字遒
23	1638	广西庆远	一通宋代卧碑，下段已碎	其字乃行草，而极其遒活之妙，必宋人笔。惜其碑已碎，并失题者姓名，为可恨
24	1638	贵州普安碧云洞	张涣、沈思充《诗碑》	游人取以为台，以供饮馔。诗不甚佳，而涣字极遒活可爱。镌碑欲垂久远，而为供饮之具，将磨漶不保矣。亟出纸笔录之
25	1638	云南安宁曹溪寺	杨慎的巨碑	觅纸录碑，有寺中读书二生，以此碑不能句来相问，余为解示
26	1638	昆明棋盘寺	陈贤诗碑、汪从龙诗碑	录汪碑，陈碑已剥不可读
27	1638	云南小云南驿观音阁	元代《渊公碑》	
28	1638	云南鸡足山	张宪副二碑、《迦叶事迹记碑》	录碑，迦叶碑两面镌字，不便抄写。艮一师把壁上挂的一轴誊录文字供霞客抄录，抄了两天
29	1639	鸡足山碧云、玉龙阁、仰高亭	陈天工诗碑、一通卧碑、明周懋相《纪登山碑》	录碑，偃踞而录之。录铜碑，录周碑，文长字冗，手屡为寒风所僵
30	1639	鸡足山兜率宫	旧诗碑	录旧诗碑
31	1639	丽江青玄洞	大诗碑	录诗碑，以梯悬垂石内后崖，录其诗
32	1639	大理感通寺	明太祖《归云南诗》碑	方志不收此碑，霞客极力主张御制诗也要收入文献中
33	1639	云南蒙化	罗近溪《石门桥诗》碑	
34	1639	蒙化观音山脊	有碑	读之
35	1639	永平水寨	有碑“此古盘蛇谷”	诸葛武侯烧滕甲兵处
36	1639	鸡足山	体极师以所录山中诸刹碑文相示	诸碑乃丽江公先命之录者

把徐霞客在旅途中遇到的碑刻列成表1-2。

从表1-2可知：

（1）徐霞客从1616年开始注意考察旅途中的碑刻资料，至1639年，24年间，所看到的碑刻据现存《徐霞客游记》统计有52通（因为《徐霞客游记》不全，故很可能有遗漏）。其中唐碑3通，宋碑12通，元碑6通，明碑11通，无法分清年代的碑20通（当然，现在看来，这20通碑起码是明代以前的）。这些碑无疑是很珍贵的金石资料。像元代的《茶榜》就是茶文化的重要史料。

（2）从地区来看，徐霞客见到碑刻最多的是广西18通，以下则是云南16通，浙江、河南各5通，湖南3通，江西2通，安徽、湖北、贵州各1通。徐霞客在各省所见碑刻的多寡，固然跟当地文化、旅游业发展有关，也跟徐霞客旅游该地区的线路、景点的多少有关。徐霞客所见碑刻数目不能说就代表了某地区的碑刻数目。

（3）徐霞客对上述52通碑刻资料的赞誉，除了内容方面的以外，更注重书法艺术的赞美。说是“极其遒活之妙”“极遒活可爱”“笔势遒劲”等。假如当年霞客的拓片仍保存，或是今人有拓片的话，那可是一笔无价的书法艺术珍宝。

（4）霞客热爱碑刻，见了就要去读，去拓，去录。在浙江金华，他见了陆游的《智者寺重建记》就想拓，“恨无拓工，不能得一通为快”。在贵州普安碧云洞前，他见到游人把张涣、沈思充的《诗碑》当饭桌，“将磨漶不保矣”“亟出纸笔录之”。

（5）徐霞客在录碑刻的过程中，碰到了不少困难，但他都克服了。比如，没有砚台时，他“以瓦磨墨录其碑”。碑倒在地上时，他就“偃踞而录之”。碑太大、太高时，他就“以梯悬垂石内后崖，录其诗”。天气寒冷时，“手屡为寒风所僵”。

（6）徐霞客利用碑刻资料考证地名。比如在浙江金华，他读黄贞父碑，“始知所称六洞”的原委。在广西阳朔田家洞读王之臣的《开岩记》，“始知兹岩即土人所称田家洞，即古时所志为白鹤山者”。在桂林天庆岩，“拭碑读之，知为天庆岩”。

②摩崖石刻。

表1-3 《徐霞客游记》中记载的摩崖石刻资料

序号	时间	地点	名称	记录
1	1618	庐山	仙台遗址后，石上书“竹林寺”	
2	1623	嵩山	初祖庵中供达摩影石	
3	1623	龙门	龙门石窟	
4	1636	杭州呼猿洞	洞穴造像	昔黥于杨髡之刊凿，今苦于游丐之喧污
5	1636	江西弋阳龟峰	大书“壁立万仞”（宋 朱熹）	
6	1637	湖南衡山县	崖北石上大书“朱陵大沥洞天”并“水帘洞高山流水”，皆宋、元人所书	
7	1637	湖南衡阳	大禹《七十二字碑》	
8	1637	湖南祁阳浯溪	颜鲁公所书《中兴颂》	恨摩崖碑拓架未彻而无拓者，为之怅怅
9	1637	湖南永州	石上刻“钴鉧潭”，古甚，旁有诗。柳子崖旧刻诗篇甚多。石间镌刻甚多，多宋唐名迹，而急不暇读。永州岩背，石上多宋、元人题镌。黄山谷最爱此岩，谓为此中第一	俱已泐不可读
10	1637	湖南九嶷书字岩	岩外镌“玉琯岩”三隶字，为宋人李挺祖笔。岩右镌“九嶷山”(九嶷山,也作九疑)三大字，为宋方信儒笔。其侧又隶刻汉蔡中郎《九嶷山铭》，为宋李挺祖书。入飞龙岩，岩内镌“仙楼岩”三字，俱宋人笔	
11	1637	桂林虞山	刻诗甚多，韶音洞左崖刻《韶音洞记》	亦尚可摹，第崖高不便耳
12	1637	桂林七星岩	曾公之记在焉	

序号	时间	地点	名　称	记　录
13	1637	桂林刘仙岩	篆雷符于上岩右壁，又有寇准大书，俱余所欲得者。崖间镌《刘仙养气汤方》及《唐少卿遇仙记》。《金丹秘歌》镌崖内，又有《佘真人歌》在洞门崖上，半已剥落	余出匣中手摹雷符及寇书，而石崖歌则石雨淋漓，抵暮而所摹无几，又令静闻抄录张、刘二仙《金丹歌》，亦未竟
14	1637	桂林刘仙岩	穿云岩洞内镌《桂林十二岩十二洞歌》，乃宋人笔，余喜其名，欲录之，而高不可及。道士取二梯倚崖间，缘缘分录，录完出洞	余与静闻冒雨登岩，各完未完之摹录
15	1637	桂林华景洞	崖有旧镌一，为开庆元年手敕（南宋）	
16	1637	桂林象鼻山	方信儒诗刻庵后石崖上，可拓。范石湖作铭勒窍壁以存，字大小不一，半已湮泐，此断文蚀柬，真可与范《铭》同珍	当觅工拓之，不可失也
17	1637	桂林程公岩	右崖镌“程公岩”三大字，西有记文一通。西又镌《壶天观铭序》。左崖镌张安国诗题，其字甚放逸。其西又镌《大宋磨崖碑》	不及尽拭而读之
18	1637	桂林中隐山	右崖镌南宋吕愿忠《吕公洞诗》，右镌李彦弼、左镌胡槻诗，皆赠刘升之者。又南得和、合岩，镌和、合二仙像，衣褶妙若天然，必非尘笔可就	余见之更憬然喜，始知佛子岩之即吕公，吕公岩之即中隐也。拂读诗叙，始知是山之即为辰山，余就岩录诗
19	1637	桂林黄金岩	岩中东坡题额可拓，予急觅之。洞右有“黄金岩”三字	入程公岩，录东崖记、铭二纸，铭乃范成大，记乃侯彭老。崖高石侧，无从录拭，抄录甚久，有数字终不能辨……过一村，以衣质梯，复肩至岩中，缘拭数字，尽录无遗
20	1637	桂林		令顾仆再往觅拓工，遂同抵水月观洞，示所欲拓，并以纸价付之。期以阳朔游还索取所拓

序号	时间	地点	名　称	记　录
21	1637	阳朔冠岩	壁间有王宗沐题诗，诗不甚佳	
22	1637	桂林	以碑(拓)至，拓法甚滥恶	
23	1637	广西融县	《真仙岩游记》	全文录，收入《徐霞客游记》中
24	1637	广西融县真仙洞	绍定元年太守刘继祖重开此岩（刘公岩）记，唐容《真仙镌记》《老君洞图》与像	录部分文字。由此记知此洞之名为刘公者以此。更信此洞之始，其开道建阁，极一时之丽。而今乃荒塞至此。抵真仙岩，搜览诸碑于巨石间，而梯为石滑，与之俱坠，眉膝皆损焉。第二天，霞客带伤强攀崖拓碑，不幸拓片被人偷去，《老君像碑》也偷走了。这里缺纸，碑可再拓，纸不可再得。损失不小
25	1637	广西北流勾漏洞	宝圭洞中有遗诗。灵景岩有唐碑一通，宋幢一柱，刻镌甚古	携砚、笔往录诗。就僧觅纸，僧仅以黄色者应。遂磨墨沈于石，取拓月于袖，以钟敲为锤，以裹足布为毡，洗碑而敲拓之。各完两通而日色已暮
26	1638	广西庆远龙隐岩	前多宋刻，张丹霞诸诗俱在，外碑有记。双门洞前宋刻颇多，张自明《丹霞绝句》，又有平蛮诸碑，皆宋人年月	
27	1638	广西庆远	白龙洞口有刘棐诗一绝，甚佳。上刻“白龙洞”三大字。永乐四年郭子卢《小记》	
28	1638	云南安宁虚明洞	有杨师孔的“醒石”、何孟春的“听泉”、杨升庵的“此处不可不饮”、杨师孔的“此处不可不醉”等题刻	见右崖有石刻一方，外为棘刺结成窠网，遥不能见。余计不能去，竟践而入之，巾履俱为钩卸，又以布缚头护网，始得读之
29	1638	云南鸡足山	王十岳的诗偈，倪按院大书“石状奇绝”，在束身书“石状大奇”，在袈裟书“石状又奇”，在兜率峡口书“石状始奇”，凡四处，各换一字	其效颦耶？黥面耶？山灵何罪而受此耶

把《徐霞客游记》中记录的摩崖石刻资料列成表1-3。

从表1-3可知：

（1）从1618年至1638年这21年中，他都在关注沿途各地的摩崖石刻，涉及的地区有江西、河南、湖南、广西和云南。其中以广西最多，有17条，约占总数的63%。其次是湖南，有5条，约占总数的18.5%。第三是江西和河南，第四是云南。

（2）从内容来看，有两个字以上的题刻，也有诗、小记、记、影石、颂、铭、图、像、符、歌、序、汤方等。这些都是珍贵的文化历史资料，徐霞客把它们记录下来，起到了保存文化历史资料的作用，功垂千秋。其中广西融县真仙洞南宋的《老君洞图》，是目前所知最早的洞穴图，非常罕见。而广西桂林中隐山的和、合二仙像，“衣褶妙若天然，必非尘笔可就”，是件珍贵的艺术品。不知现在是否还在？

（3）徐霞客利用摩崖石刻资料，考证了一些地名。如他读了《刘公岩记》后，“知此洞之名为刘公者以此”。见了桂林中隐山的摩崖石刻后，“始知佛子岩之即吕公，吕公岩之即中隐也”。这是徐霞客常用的考古方法。

（4）徐霞客见了心爱的摩崖石刻后，或“就岩录诗”，或“手摹”，或录全文，或摘录。他一个人忙不过来时，还要请静闻帮忙抄录，或“当觅工拓之”。当找不到拓工时，他“为之怅怅”。实在找不到拓工，而又必须拓片时，徐霞客露出了他的真本事，亲自上阵，自己拓片。拓片是一门技术活，没有经过培训的人，是拓不出拓片的。而徐霞客可以轻松应对。他“磨墨沈于石，取拓月于袖，以钟敲为锤，以裹足（布）为毡，洗碑而敲拓之”。可见他是有备而来的。虽然拓片的工具不全，但他就地取材，也能很快圆满完成拓片的工作。由此可见，徐霞客不是什么也不会做的书呆子，而是一个生活经验、旅游经验、科学知识都非常丰富的伟大旅行家。

（5）徐霞客在抄录摩崖石刻时，非常认真。在桂林黄金岩，因“崖高石侧，无从录拭，抄录甚久，有数字终不能辨”。他不放过，

“过一村，以衣质梯，复肩至岩中，缘拭数字，尽录无遗”。这种认真负责、严格要求自己的工作作风，一丝不苟的工作态度，是任何有成就的科学家所必须具备的品德，徐霞客也不例外。

（6）徐霞客为了能看清石刻上的字，不怕受苦。如在广西融县真仙岩，“搜览诸碑于巨石间，而梯为石滑，与之俱坠，眉膝皆损焉”。第二天还带伤强攀崖拓碑，可惜拓片又被人偷去。这里缺纸，碑可再拓，而纸不可再得也。还有一次，在云南安宁，他“见右崖有石刻一方，外为棘刺结成窠网，遥不能见”。为了看清字迹，他“竟践而入之，巾履俱为钩卸，又以布缚头护网，始得读之”。这就是性格倔强的徐霞客，克服一切困难，也要达到自己的目的。

（7）在杭州呼猿洞和鸡足山，我们看到，徐霞客反对在洞穴中造像，反对在山崖上乱题字，它破坏了洞穴和山崖的自然美，是一种污染。所以徐霞客大声质问：“其效颦耶？黥面耶？”“山灵何罪而受此耶？”反映了徐霞客强烈的环保思想意识。

2. 积极热情地向边疆少数民族地区传播中华文化。

徐霞客在万里征途中，沿途积极热情地向边疆少数民族地区传播中华文化。

崇祯十年（1637）十一月二十八日，游广西都结州时，州官农国琦要求徐霞客“以文字示”，即要呈递一篇文章给农国琦过目。徐霞客先是拒绝呈文，只以一诗呈递。农州官不答应，出一作文题目《有德者必有言，有言者亦（必有德）》，要霞客写好呈进。因为霞客虽然有陆参戎送他的马牌，但需要沿途州官派差役送他，故州官的要求霞客不能不答应。霞客如果不满足他的要求，他就不派差役。霞客觉得这种作文“无聊甚”，但为了得到差役，送他前行，也只好“倚筐磨墨即于其刺[①]后漫书一文畀之”。此文呈递后，州官马上送来了鸡、酒、米、

①刺：名帖，名片。

肉。又要他以“子路拱而立，止子路宿”为题，再作一篇文章。霞客只好又“索灯书刺尾畀之”。过了一天，有南宁诸姓学生携来一篇文章，是州官农国琦以前题要此生作的，请霞客指教。霞客一看，文章“毫无伦次，而（太平府贡生）何洞玄漫以为佳”。农州官能辨好坏，看后“亟令人候余曰：‘适南宁生文，不成文理，以尊作示之，当骇而走耳。’”这个州官有眼光，很懂得文化的重要。他借徐霞客的笔来提高当地学生的作文水平，值得称道。

崇祯十一年（1638）三月初三日，游广西庆远时，有两个学生见霞客箧中有文（震孟）、项（煜，字水心）诸公手书，“欲求归一录，余漫付之去”。第二天，又求观黄石斋诗帖，久之去。对当地学生的要求，霞客尽量满足，这是他传播中华文化的途径之一。

崇祯十一年（1638）十月二十七日，游云南安宁曹溪寺时，有杨升庵写的碑文“寺中读书二生，以此碑不能句（句读，断句）来相问，余为解示”。这是徐霞客又一次热情指导学生，学生对碑文不能断句，读不通，他为之解读。

崇祯十一年（1638）十二月二十五日，游云南鸡足山时，山上僧侣见霞客携带了书箧，于是请求观看箧中的各类文书、手迹。这也是徐霞客传播中原文化的一种途径。

崇祯十二年（1639）二月初一日，游云南丽江木公府时，纳西族首领木公请霞客为他所辑《云邁淡墨》作序，又求为校改。“其所书讹字极多，既舛落无序，而重叠颠倒者亦甚。余略为标正，且言是书宜分门编类，庶无错出之病”。木公采纳了霞客的建议，请霞客“烦将《淡墨》分门标类，余从之”。霞客为了校书，放弃了一些景点的旅游考察。为了校书，霞客还开夜车，“连宵篝灯，丙夜始寝”。除了替木公校书，还教木公的儿子作文，又为鸡足山修志。木府的管家对霞客说：“家主以郎君新进诸生，虽事笔砚，而此中无名师，未窥中原文脉，求为赐教一篇，使知所法程，以为终身佩服。”徐霞客很认真地为木家公子评审文章，指导作文。

崇祯十二年（1639）七月初十一日，游云南保山石城时，彝族头领早龙江帮了大忙，他对霞客说：“江外土人，质野不驯，见人辄避。君欲游石城，其山在西北崇峡之上，路由蛮边入。蛮边亦余所辖，当奉一檄，令其火头供应除道，拨寨夫引至其处；不然，一时无栖托之所也。”他对徐霞客的到来表示欢迎，并且认为：“敢谓穷边非乐土乎！第无高人至止，而今得之，岂非山川之幸！”这就是说，徐霞客到一个地方，就把中华文化带到那里，这是徐霞客传播中华文化的又一途径。

3. 创造新文化。

徐霞客在旅游过程中，不仅保护传统文化、传播中华文化，而且创造新文化。这个新文化就是他一路上写的《徐霞客游记》，以及诗、文、书信笔记等。《徐霞客游记》的文化价值后面要讲，这里专讲诗、

表1-4 徐霞客旅游过程中写的诗、文、书信、笔记

序号	时间(年)	地点	诗、文内容	页码	数目
1	1636	江西弋阳龟峰	作《五缘诗》	115	诗1
2	1636	江西弋阳龟峰	为贯心书《五缘诗》及《龟峰》五言两首，《赠别》七言一首	120	诗3
3	1636	江西建昌	写十二首诗付昆石上人	132	诗12
4	1637	湖南衡阳	作《上封寺募文》、作完初上人《白石山精舍引》、书《上封疏》《精舍引》、作《书怀诗》呈瑞光	197	文2、诗1
5	1637	湖南零陵	《下宁洋溪中诗》“难咏旧句舡梭织，峰翠山轴卷溪绡”，若为此地设也	219	诗1
6	1637	湖南新城	元次山题《朝阳岩诗》：“朝阳岩下湘水深，朝阳洞口寒泉清。”其岩在永州南潇水上，其时尚未合于湘，次山身履其上，岂不知之，而一时趁笔，千古遂无正之者，不几令潇湘易位耶？	259	文1
7	1637	广西桂林	作两首诗。别郑（子英）、杨（子正）诸君	303	诗2
8	1637	广西桂林	市扇欲书《登秀诗》，赠绀谷、灵宝二僧	308	诗1

序号	时间（年）	地 点	诗、文内容	页码	数目
9	1637	广西桂林	郑（子英）君书《小序》见投，而朱君之弟涤凡亦以诗贶余，余作诗答之	327	诗1
10	1637	广西浔州	作诗与梁（凌霄）君别	409	诗1
11	1637	广西郁林大寨村	作《误入山村》及《村妇留别》两绝句	411	诗2
12	1637	广西安平州	洞壁间杂镌和州帅李侯诗数首，内惟《邹泗洙》一首可诵。余亦和诗两首	473	诗2
13	1637	广西向武	赋投黄(向武州官黄绍伦)诗，第二天黄和霞客诗。霞客作柬答之	494	诗1、柬1
14	1637	广西都结州	州主农国琦要霞客呈递文章，霞客拒无文，以一诗畀之。仍不许，要霞客按题“有德者必有言，有言者亦必有德”作文，又一题为“子路拱而立，止子路宿”作文。无奈，霞客只好写了两篇呈进	518	诗1、文2
15	1637	广西都结	作《骑游诗》两首，畀农（国琦）……且以其堂兄国瑚讦告事求余为作一申文。霞客写了	519	诗2、文1
16	1637	广西三里城	余乃作与陆参戎书，并录《哭静闻》诸诗	541	书1、诗2
17	1637	广西三里城	余有《南宣楼记》	544	文1
18	1637	广西三里城	在白崖堡南岩吟句曰：“洞门千古无人到，古干虬藤独为谁？投杖此中还得杖，三生长与菖坡随。”	550	诗1
19	1638	广西庆远	有韦老者，郡守以其文不堪，复再三令改作。因强余为捉刀，余辞再三，不能已，乃为之作两文。一曰《吾何执》，一曰《禄足以代其耕也》	579	文2
20	1638	云南昆明	余乃趋别马云客，不值，留诗而还	788	诗1
21	1638	云南昆明	严（似祖）君书所哦三诗赠余，余亦作一诗为别	789	诗1
22	1639	云南丽江木府	为木公《云薖淡墨》作序。修《鸡足山志》。为木公第四子作范文《雅颂各得其所》	875	文2、志1

序号	时间(年)	地 点	诗、文内容	页码	数目
23	1639	云南浪穹	何（鸣凤）君以其集示余，中有为余咏者，余亦作两首诗以酬之	908	诗2
24	1639	云南下关石门	为性严（僧）作《玉皇阁募缘疏》	940	文1
25	1639	云南腾冲乌索玉皇阁	余留两首诗于山	985	诗2
26	1639	云南腾冲	在绮罗村李虎变家作田署州《期政四谣》	1010	文1
27	1639	云南保山	俞禹锡赠余诗，有“下乔”之句。余答以《幽栖解嘲》五律	1033	诗1
28	1639	云南蒙化	妙乐（僧）以乳线赠余，余作诗赠之	1098	诗1
29	1639	云南鸡足山	余取纸为《狮林四奇（水帘、翠壁、侧树、灵泉）诗》畀之	1116	诗4

注：页码项，指上海古籍出版社1993年版《徐霞客游记》中页码。

文、书信、笔记。现把他在旅游中写的诗、文、书信、笔记列成表1-4。

由表1-4统计，得诗46首，文章13篇，志1部，书信2封。此外，他还写了《滇中花木记》《随笔二则》《永昌志略》《近腾诸彝说略》《丽江纪略》《法王缘起》《山中逸趣跋》《鸡山志略一、二》等文。可见，徐霞客在旅途中，除了每天写游记之外，还创作了不少的诗文。他是十足的文化旅游，对中国传统文化有巨大的贡献。

（四）旅游中关心国事

霞客在旅途中关心黄道周等友人的遭遇。一次是崇祯十年（1637）十二月二十六日在游广西三里城时，参戎陆万里给他看新旧报纸。他从报上得知“石斋先生已入都，又上二疏，奉旨责其执拗，复令回话，吏部主政熊文举以疏救之。又知郑崟阳之狱拟成，复奉旨欲加重刑，刑部尚书任为镌（官吏削职）三级焉。至六月，锦衣卫以病闻。又知钱牧斋为宵人上疏，以媚乌程，遂蒙逮入都，并瞿式耜俱下狱。抚宁侯朱国弼等疏攻乌程，六月间乌程始归，郑、钱狱俱未结”。又一次是崇祯十二年（1639）六月初九日，徐霞客游云南保山时，受到太史闪人望及其弟闪知愿招待，从他们那里得知“黄石翁去年七月召对大廷，与皇上面折廷诤，后遂削江西郡幕。项水心以受书帕，亦降幕。刘同升、赵士春亦以上疏降幕。翰苑中正人一空。东省之破，传言以正月初二，其省中诸寮，无不更易者。虽未见的报，而颜同兰之被难可知矣”。许多朋友因为上疏或者面对皇帝提建议而与皇帝的意思相左，故遭贬斥，降低官阶等级。

关心祖国边防和领土完整统一。崇祯十年（1637）九月二十六日，徐霞客游广西新宁州时，讲了此州改土归流的历史，说：“新宁之地，昔为沙水、吴从等三峒，国初为土县，后以思明土府有功，分吴从等村界之，遂渐次蚕食。后忠州从而效尤，与思明互相争夺，其地遂朝秦暮楚，人民涂炭无已，当道始收其地，以武弁守之。土酋黄贤相又构乱倡逆，隆庆末，罪人既得，乃尽收恩明、忠州未吐地并三峒为四，创立州治。”从这段记载看，徐霞客态度鲜明地反对地方割据，拥护国家统一。

崇祯十年十月二十三日，徐霞客游广西龙英州时，讲到此州：“三年前（崇祯七年，1634年）为高平莫彝所破，人民离散，仅存空廨垣址而已。”“莫彝结营州宅，州中无孑遗焉……其破归顺，则数年前事也。”“中国诸土司，不畏国宪，而取重外彝，渐其可长乎！当道亦有时差官往语莫酋者，彼则厚赂之，回报云：‘彼以仇哄，无关中国事。’岂踞地不吐，狎主齐盟，尚云与中国无与乎？”“莫彝与归顺俱有所取，而朝廷之边陲则阴有所失……此边陲一大利害，而上人乌从知之！”这些话表明了徐霞客反对外彝入侵，反对土司勾结外彝侵略中国，对官吏的腐败表示强烈不满。

十月二十五日，徐霞客游飘岩时，当地老百姓说：“余辈遗黎，皆借此岩再免交人之难。但止能存身，而室庐不能免焉。”徐霞客说：

“以此为长城，似非保土者万全之策。况所云水穴，当兹冬月，必无余滴。余遍觅之不得，使坐困日久，能无涸辙之虑乎？余谓土人：‘守险出奇，当以并力创御为上着，若仅仅避此，乃计之下也。’”这些话反映了徐霞客主张全民团结，抗击外来入侵者的思想。他认为光靠洞穴躲避是不行的。

（五）为了科学考察，不怕艰难险阻，百折不回

徐霞客为了科学考察，不怕艰难险阻的事例包括四个方面：

1. 遇盗。

崇祯九年（1636）十二月初二早晨，徐霞客由吉水乘船，上溯赣江到达梅林时，突然有一只小船顺水闯过来，紧靠霞客的货船。接着，一些粗壮的汉子冲上货船，把船篷掀掉，见人就打，就捆，恶如虎狼。这伙人一共三十来个，他们说：“我们是解官银的，我们的船出了毛病，要换这只货船去省城。货船上的人和行李统统转移到小船上，赶快行动，谁敢反抗，先吃一刀。”在此关头，《徐霞客游记》记载说：“余谕其此间去吉郡[①]甚近，何不同至郡，以舟畀汝。其人闻言，咆哮愈甚，竟欲顺流挟舟去。余乘其近涯，一跃登岸，亟觅地方王姓者，梅林保长也。呼而追之，始得放舟。余行李初已被移，见余登陆，乃仍畀还；而舟子所有，悉为抄洗，一舟荡然矣。” 这段文字反映了徐霞客不畏强暴、敢于斗争的侠肝义胆。他那“ 跃登岸”的身影，不像柔弱书生，而像行侠仗义的英豪。这种行为，只有心中热爱人民的人才会有。他这种见义勇为的行为，至今仍有现实意义，值得人们效法。

第二次遇盗是在湖南衡阳湘江的船上，《徐霞客游记》有详细记载：“静闻登舟未久，则群盗喊杀入舟，火炬刀剑交从而下。余时未寐，急从卧板下取匣中游资移之，越艾舱，欲从舟尾赴水，而舟尾贼方

①吉郡：指明朝吉安府，治庐陵，即今吉安市。

挥剑斫尾门，不得出，乃力掀篷隙，莽投之江中，复走卧处，觅衣披之。静闻、顾仆与艾、石主仆，或赤身，或拥被，俱逼聚一处。贼前从中舱，后破后门，前后刀戟乱戳，无不以赤体受之者。余念必为盗执，所持䌷[①]衣不便，乃并弃之，各跪而请命，贼戳不已，遂一涌掀篷入水。入水余最后，足为竹纤所绊，竟同篷倒翻而下，首先及江底，耳鼻灌水一口，急踊而起，幸水浅止及腰，乃逆流行江中，得邻舟间避而至，遂跃入其中。时水浸寒甚，邻客以舟人被盖余，而卧其舟，溯流而上三四里，泊于香炉山，盖已隔江矣。还望所劫舟，火光赫然，群盗齐喊一声为号而去。已而同泊诸舟，俱移泊而来，有言南京相公身被四创者，余闻之暗笑其言之妄。且幸乱刃交戟之下，赤身其间，独一创不及，此实天幸，惟静闻、顾奴不知其处，然亦以为一滚入水，得免虎口，资囊可无计矣。但张侯宗琏所著《南程续记》一帙，乃其手笔，其家珍藏二百余年，而一入余手，遂罹此厄，能不抚膺！其时舟人父子，亦俱被戳，哀号于邻舟……余隔江呼静闻……已而闻有呼予者，予知为静闻也，心窃喜曰：'吾三人俱生矣。'亟欲与静闻遇。隔江土人以舟来渡余，及焚舟，望见静闻益喜甚。于是入水而行，先觅所投竹匣。静闻望而问其故，遥谓余曰：'匣在此，匣中之资已乌有矣。手摹《禹碑》及《衡州统志》犹未沾濡也。'及登岸，见静闻焚舟中衣被竹笈，犹救数件，守之沙岸之侧，怜予寒，急脱身衣以衣予，复救得余一裤一袜，俱火伤水湿，乃益取焚余炽火以炙之……时饥甚，锅具焚没无余，静闻没水取得一铁铫[②]，复没水取湿米，煮粥遍食诸难者，而后自食……先是静闻见余辈赤身下水，彼念经笈在篷侧，遂留，舍命乞哀，贼为之置经。及破余竹撞[③]，见撞中俱书，悉倾弃舟底。静闻复哀求拾取，仍置破撞中，盗亦不禁。撞中乃《一统志》诸书及文湛持、黄石

①䌷：同"绸"。䌷为大丝抽缯，粗茧织成，而绸织得细密。
②铫（diào）：一种熬东西用的有柄的小锅。
③竹撞：长方形的竹箱子。

斋、钱牧斋与余诸手柬，并余自著日记、诸游稿，惟与刘愚公书稿失去……静闻乃入江取所堕篷作筏，亟携经笈并余烬余诸物，渡至谷舟，冒火再入取艾衣、被、书、米及石瑶庭竹笈[1]，又置篷上，再渡谷舟，及第三次，则舟已沉矣。静闻从水底取得湿衣三、四件，仍渡谷舟，而谷舟乘黑暗匿䌷衣等物，止存布衣、布被而已。静闻乃重移置沙上，谷舟亦开去。及守余辈渡江，石与艾仆见所救物，悉各认去。静闻因谓石曰：'悉是君物乎？'石遂大诟静闻，谓'众人疑尔登涯引盗。（谓讯哭童也）汝真不良，欲掩我之箧。'不知静闻为彼冒刃、冒寒、冒火、冒水守护此箧，以待主者，彼不为德，而反诟之。盗犹怜僧，彼更胜盗哉矣，人之无良如此！"

徐霞客第二次遇盗的经过，反映了当时盗贼横行，社会混乱。霞客幸亏从水中逃走了，没有受伤，但财产、物资、文献损失严重。静闻为抢救别人的东西受伤，又为霞客从着火的船舱中、从水中抢救了一批物资。后又从水中捞出大米，熬成粥，供难友们喝。可见静闻一片善心，尽力做慈善事。对这样的好人，有的人不但不感谢他，反而污蔑他，真是比盗贼还坏。在此遇难之际，有的人献爱心，互相帮助；但有的人见死不救，隔岸观火，甚至趁火打劫。各色人物的心态、行为，在徐霞客的笔下，活灵活现，暴露无遗。遭此大劫之后，徐霞客没有退缩，而是想方设法，再筹资金，继续前进，去完成宿愿。这种不向困难低头的精神十分可贵。

2. 游资被窃。

徐霞客在湘江遇盗，游资丢失。经过多方筹措，才重获游资，继续旅游。可是在贵州旅游过程中，他的游资又被窃贼盯上了，两次被窃。此后到了云南，靠朋友的资助，才又获得游资，得以继续旅游。只有这种不怕挫折，百折不回的精神，才使徐霞客得以完成了旅游大业。

---

①竹笈：竹篾编织的书箱。

3.断粮，夜无卧处。

徐霞客在旅游过程中，曾五次断粮。最早一次是崇祯十年（1637）四月十四日，在湖南新城，“时余蔬米俱尽，而囊无一文”，怎么办呢？只好“以刘君所惠紬一方，就村妇易米四筒”。

第二次绝粮是崇祯十二年（1639）四月二十七日，游云南腾冲南香甸云岩寺。“先是，余止存青蚨三十文，携之袖中，计不能为界头返城之用，然犹可籴米为一日供；追石房洞扒山，手足无主，竟不知抛坠何所。至是手无一文”，怎么办呢？他仍用湖南新城的办法，“乃以褶袜裙三事，悬于寓外，冀售其一，以为行资。久之，一人以二百余文买紬裙去。余欣然沽酒市肉，令顾仆烹于寓。余亟索饭，乘晚探尖峰之洞”。没有粮食，没有饭吃，徐霞客不愁，卖衣买米就是。他心中惦记的是探尖峰之洞，故饭后乘晚仍要探此洞。这种对旅游与科学考察事业的痴迷，是他成功的因素之一。

第三次绝粮是崇祯十二年（1639）六月二十四日，在云南保山。怎么解决？靠朋友的帮助，刘北有“以牛肉斗米馈”，又“以素肴四品馈”。

第四次绝粮是崇祯十二年（1639）七月初五日，在云南保山又绝粮。怎么解决？仍然靠朋友，“余作书寄潘莲华，且与潘索粮”。

第五次绝粮是崇祯十二年（1639）七月十七日，在云南保山卧佛寺。“晨起绝粮，计此地去郡（指保山）不过三十余里，与前东自小寨归相似，遂空腹行”。实在没办法时，只好饿着肚子“空腹行”了。

至于夜无卧处，或是卧处条件很差，也是常事。如崇祯九年（1636）除夕夜，徐霞客正在江西武功山上，这里的风俗是除夕夜旅店不接待客人。正在为难之际，碰到南京礼部官员刘元震的弟弟，他帮助霞客解决了住宿问题。

在湖南宁远，则露宿三分石。在湖南衡阳香炉山，则“宿于茅庵，卧无具，栉无梳，乃和衣而卧”。在桂林，睡在洞穴中，则“洞中多蚊，无帐，睡不能熟”。在贵州步雄，“虽食无盐，卧无草，甚乐也”。在贵州狗场堡，“卧处与猪畜同秽”。

4. 带病考察。

在长期野外旅游生活中，生病几乎是不可避免的。徐霞客在旅游中得的病有感冒发烧、手疮、足磨破、咳嗽、跌伤、风病等。对于这些病痛，他很少停下来看病吃药治疗，而是带病坚持旅游。比如在湖南徐霞客“病寒”近一个月的时间里，就考察了祁阳、冷水滩、永州等地。徐霞客带病考察的事例还很多，不一一列举了。

5. 遇险。

徐霞客在旅游过程中遇险，那是常事，据统计，有26次。这里只举几个典型的例子。

① 万历四十一年（1613）四月十四日，游雁宕山，寻雁湖。由于走错了路，想从悬崖上往下垂空到一岩石阶地上，“遂脱奴足布四条，悬崖垂空，先下一奴，余次从之，意可得攀援之路。及下，仅容足，无余地；望岩下斗深百丈，欲谋复上，而上岩亦嵌空三丈余，不能飞陟。持布上试，布为突石所勒，忽中断；复续悬之，竭力腾挽，得复登上岩。出险……主仆衣履俱敝，寻湖之兴衰矣”。此时的徐霞客才27岁，年轻体健，故能像体操运动员似的，可以持布腾挽而上。这也要平常经过锻炼，手臂有力才行。没经过锻炼的人，很难做到这点。

② 崇祯三年（1630）八月初四日，冒雨游福建浦城龙洞。“洞既束肩，石复当胸，无可攀践，逾之甚艰。再入，两壁愈夹，肩不能容，侧身而进……脱衣宛转久之，乃下”。出洞时，“石隘处上逼下碍，入时自上悬身而坠，其势犹顺，出则自下侧身以透，胸与背既贴切于两壁，而膝复不能屈伸，石质刺肤，前后莫可悬接；每度一人，急之愈固，几恐其与石为一也。既出，欢若更生”。这真是舍命游，一旦出不来，后果不难想象。

③ 崇祯十二年（1639）四月二十七日，游云南腾冲乌索石房洞。洞在山上。徐霞客仰攀而上，“土削不能受足，以指攀草根而登。已而草根亦不能受指，幸而及石，然石亦不坚，践之辄陨，攀之亦陨，间得

一少粘者，绷足挂指，如平帖于壁，不容移一步，欲上既无援，欲下亦无地；生平所历危境，无逾于此”。下山时，“悬崖无路，然皆草根悬缀，遂坐而下坠，以双足向前，两手反而后揣草根，略逗其投空之势，顺之一里下，乃及其麓，与顾仆见，若更生也”。要知道，这是徐霞客一个人独游，顾仆在山下等他。一旦手足有失，坠落悬崖，后果自然堪忧。下山后与顾仆相见，霞客感叹“若更生也”，不是虚夸之词。

（六）实事求是的科学态度

《徐霞客游记》中有一些未解之谜。这些未解之谜，反映了徐霞客对自然现象观察的深入和仔细，反映了徐霞客实事求是的精神，也反映了徐霞客对自然现象的深入思考。他不虚夸，不强解，态度非常诚实，不懂就是不懂，不装懂，这是任何一个科学家所应该具备的品质。徐霞客的这种求实精神，是诸多霞客精神之一。当代人，特别是当代科学工作者，应当学习徐霞客的求实精神，严防学术造假，严防学术腐败，其现实价值和意义都很高。下面我按《徐霞客游记》的内容顺序，把这些未解之谜摘录如下，适当作些解释说明。

①崇祯十年（1637）正月十七日，游湖南茶陵麻叶洞。《徐霞客游记》说：“……层石之下，涧底南通，覆石低压，高仅尺许；此必前通洞外，涧所从入者。第不知昔何以涌流，今何以枯涸也，不可解矣……”

这种现象在徐霞客那个时代，“不可解”是正常的。因为近代地质学还没有产生，只有近代地质学产生以后，才有地壳运动、地壳升降、造山运动等学说。徐霞客看到的上述自然现象，就是由于这个地区的地层上升造成的。

②崇祯十年（1637）三月十四日，游湖南永州。《徐霞客游记》说：“……香炉山，山小若髻，独峙于西岸，山，江中乃石骨攒簇而成者。其上佳木扶摇，其下水窍透漏，最可异者，不在江之心，三面皆沙碛环之，均至山足，则决而成潭，北、西、南俱若界沟，然沙逊于外，

而水绕其内，其东则大江之奔流矣。盖下流之沙，不能从水而上，而上流之沙，何以不逐流而下，岂日夜有排剔之者耶？亦理之不可解也。”

这种自然现象对徐霞客来说，“不可解”也是正常的，因为近现代水文学还没有产生。只有近现代水文学产生之后，才知道这是潜流、涡流、回流等水流力量造成的。徐霞客已经考虑到“下流之沙，不能从水而上，而上流之沙，何以不逐流而下，岂日夜有排剔之者耶？”他的思考已经很深刻，只是还没有弄明白这股“日夜排剔”的力量是什么，来自何方而已。

③崇祯十年（1637）八月初七日，游广西罗秀。《徐霞客游记》说：“……罗秀、卢塘之中，道旁有空树一圆，出地尺五，围大五尺，中贮水一泓，水面上（不）盈树围者五六寸，下浮出地面者几及尺焉。深碧澄莹，以杖底之，深不可测，而珠泡亹亹上溢。空树虽高于地，若树中之水，止可与地相平，乃地之左右俱有溪流就下，而水贮树中者，较地独高，不溢不臧，此孰为之斟酌其间耶？树若井栏，或人之剜空而植之地中者。但水之浮地为可异耳。”

这是地下水水文学问题，徐霞客解释不了是正常的。

④崇祯十一年（1638）二月二十九日，游广西永顺司。《徐霞客游记》说：“……有叶如秋海棠而甚巨，有花如秋海棠而色白，嗅之萼，极清香，不知何种。”

徐霞客那个时代，还没有近现代植物学，因此，徐霞客不知何种花很正常。现在人们知道，海棠花的品种很多，除秋海棠外，还有粉红色的西府海棠，有白海棠、贴梗海棠、金星海棠、垂丝海棠等等。

⑤崇祯十一年（1638）四月二十三日，游贵州镇宁关索岭。《徐霞客游记》说：“……阁南道右，亦有泉出穴中，是为哑泉，人不得而尝焉。余勺马跑，甘冽次于惠，而高山得此，故自奇也；但与哑泉相去不数步，何良楛之异如此！”

这种自然现象关系到地下水水质问题，是现代水文学要研究的问题。地下水的水质，与地下水流经地区的矿物质含量有关。如果地下水流经地区含有有害矿物质，那么人们喝了这种地下水就会生病。所以地下水有好坏之分。然而相隔数步，地下水就好坏如此不同，就是因为两个泉的地下水流经地区不同所致。

⑥崇祯十一年（1638）八月十八日，游云南师宗。《徐霞客游记》说："……有泉一缕，出路左石穴中，其石高四尺，形如虎头，下层若舌之吐，而上有一孔如喉，水从喉中溢出，垂石端而下坠；喉孔圆而平，仅容一拳，尽臂探之，大小如一，亦石穴之最奇者。余时右足为污泥所染，以足向舌下，就下坠水濯之。行未几，右足忽痛不止。余思其故而不得，曰：'此灵泉而以濯足，山灵罪我矣；请以佛氏忏法解之。如果神之所为，祈十步内痛止。'及十步而痛忽止。余行山中，不喜语怪。此事余所亲验而识之者，不敢自讳以没山灵也。"

由于徐霞客找不出用泉水洗脚脚痛的原因，故只好求助于神灵。由此他相信有山灵。实际上这是人在行走时，血管是扩张的。一旦突然遇到冷水冲刷，血管会遇冷而迅速收缩，这样，脚会有疼痛感。等过一段时间，温度升高后，血管恢复正常，疼痛感也就消失了。

⑦崇祯十二年（1639）三月十一日，游云南大理蛱蝶泉。《徐霞客游记》说："……（蛱蝶泉）泉上大树，当四月初，即发花如蛱蝶，须翅栩然，与生蝶无异；又有真蝶千万，连须钩足，自树巅倒悬而下，及于泉面，缤纷络绎，五色焕然。游人俱从此月，群而观之，过五月乃已。余在粤西三里城，陆参戎即为余言其异；至此又以时早未花，询土人，或言蛱蝶即其花所变，或言以花形相似，故引类而来，未知孰是。"

徐霞客由于没有亲自看见花，只是询问当地老乡，听他们这么说，因此判断不了对错。其实，蝴蝶泉边的大树是合欢树，至今，每到农历四月中旬就有无数彩蝶来此聚会。大的如巴掌，小的如蜜蜂，色泽绚丽，如霞似锦。这些彩蝶结成长串自树枝倒悬及于水面，忽而惊飞四散，斑斑驳驳，聚散不可捉摸，似与游人嬉戏。这个地方适宜蝴蝶生长，因而蝴蝶多；而合欢树的花有香味，树叶能分泌出一种油亮的粘液，可供蝴蝶食用。这样，每到合欢树开花季节，就引来彩蝶聚会，在此交配、产卵，形成一年一度的蝴蝶会。

⑧崇祯十二年（1639）四月十一日，游云南蒲缥怒江边。《徐霞客游记》说："……见崖西有树甚巨，而郁葱如盘……树甚异，本高二丈，大十围，有方石塔甃其间，高与干等，干跨而络之；西北则干密而石不露；东南临江，则干疏而石出，干与石已连络为一，不可解矣，亦穷崖一奇也。"

这是一种树包塔的现象，特别是南方的榕树，它在生长过程中，会把它身边的石、砖塔包在其中。

⑨崇祯十二年（1639）七月十三日，游云南保山蛮边石城。《徐霞客游记》说："……有木龙（水冬瓜）焉，乃一巨树也。其下体形扁，纵三尺，横尺五。自地而上，高二尺五寸，即半摧半茂；摧者在西北，止存下节；茂者在东南，耸干而起。其干正圆，围如下体之半，而高不啻十余丈。其所存下节并附之，其圆亦如耸干，得下体之半，而其中皆空，外肤之围抱而附于耸干者，其厚止寸余，中环空腹如桶，而水盈焉。桶中之水深二尺余，盖下将及于地，而上低于外肤之边者，一寸有五；其水不甚清，想即树之沥也。中有蝌蚪跃跳，杓水而干之则不见。然底无旁穴，不旋踵而水仍满，亦不见所自来，及满至肤边下寸五，辄止不溢，若有所限之者，此又何耶？"

这也是地下水文问题，从描写文字看，树中之水与地下水相连，而地下水的高度有限制，不会超过树桶的高度，故树桶中的水不会外溢。

⑩崇祯十二年（1639）八月初五日，游云南腾冲锡铅驿。《徐霞客游记》说："……其前东、西二溪交会，有温泉当其交会之北涘……然当两流交合之间，而独有此，亦一奇也。"

地下温泉与地表水是两个系统，一般不会有什么关联。因此，两溪交会处有温泉也不奇怪，是正常的自然现象。

⑪崇祯十二年（1639）九月初九日，游云南鸡足山。《徐霞客游记》说："……水帘之下，树皆偃侧，有斜骞如翅，有横卧如虬，更有侧体而横生者。众支皆圆而此独扁，众材皆奋而此独横，亦一奇也。"

按现代植物生态学来说，徐霞客描写的树木生态，就是植物生态学的内容。树木的生长形态，受气候、地形、土壤、阳光、树木疏密程度等多种因素的影响，环境不同，树木生态也不同，形状也不同。徐霞客的时代，还没有植物生态学，他也不具备这方面的知识，所以他对所见比较特别的树木生态现象解释不了，觉得奇怪。

（七）自然观

徐霞客的自然观既有他自己的观点，也有传承古代哲人的成分，还受到当时社会环境、思想意识的影响。下面分七个方面叙述：

1. 尊重自然规律。

游广西浔州漱玉泉时，古文献曰："其泉暮闻钟鼓则沸溢而起，止则寂然，诧以为异。"对此徐霞客明确指出："余谓泉之沸寂，自有常度（即自然规律），乃僧之候泉而鸣钟鼓，非泉闻声而为沸寂也。"

游广西容县龙洞时，徐霞客指出："光浮水面，道人神以为怪光使然。予谓穴影旁透。道人曰：'昔村人结筏穷之，至其处，辄不得穴，安所得倒影？'予曰：'此地深伏，虽去洞顶甚遥，然由门南出，计去水洞不远，或水洞之光，由水中深映，浮筏者但从上瞩，不及悟光从水出耳。若系灵怪，岂有自古不一息者哉？'"

游广西北流勾漏洞时，道人接到县官的命令，要他送洞中的遗丹和仙人米去，道人当然不敢违抗，送去了。对此，徐霞客说："葛令欲就丹砂，乃其一时乘兴之言。其后蝉蜕罗浮，实未至此。此中久已无丹砂，安得有遗丹仙粒耶！？所为砂者，非丹砂，乃砂粒如丹，其色以白为上，而黄次之……然此亦砂粒之常，岂真九转之余哉？"

2. 气论。

气论是中国古代哲学中的一个哲学概念，从先秦诸子、兵家、道家、医家、释家、儒家等，无不用气的概念来解释诸多自然和社会现象产生的原因。在西方思想影响下，气的实体被解释为各种物质的状态。徐霞客继承了中国古代的气论观点，用气论来解释自然现象的成因。比如：

当他跨越三省（河南、陕西、湖北）游历三山（嵩、华、太和）后，于《游太和山日记》作小结称：“山谷川源，候同气异。” 意思是山谷和平原，地形不同，因此虽然节候相同，但气温是不一样的。这里的“气” 具体指气温。

同样的问题，在唐朝白居易的《大林寺桃花》诗和序中，明确阐明了地形与气候的关系。序曰：“山高地深，时节绝晚——于时孟夏月，如正、二月天；梨桃始华，涧草犹短，人物风候，与平地聚落不同，初到恍然若别造一世界者，因口号绝句云：人间四月芳菲尽，山寺桃花始盛开，长恨春归无觅处，不知转入此中来！”两相对比，白居易写的只是庐山一个地方，而徐霞客涉及的地域比白氏广得多，总结也更精彩、更有科学性。

3. 穷源探脉。

徐霞客在考察山川时，追求“穷源探脉”。“穷源”使他推翻了上千年的《尚书•禹贡》中关于“岷山导江”的谬论，确定“推江源者，必当以金沙为首”。不仅如此，他还进一步批驳了宋儒讲中国三大龙脉，而南龙之脉，亦自岷山，濒大江南岸而下，东渡城陵、湖口而抵金陵。霞客认为，这种说法也是“不审大渡、金沙之界断其中也。并不审城陵矶、湖口县为洞庭、鄱阳二巨浸入江之口。它们的支流都发源于五岭山脉，是南龙盘曲去江之南且三千里，而谓南龙濒江乎？”不仅如此，霞客进一步说：“不审龙脉，所以不辨江源。”“龙远江亦远，脉长源亦长。此江之所以大于河也。”“故不探江源，不知其大于河；不与河相提而论，不知其源之远。”这种山脉与水脉的关系，在宋人时澜的《增修东莱书说》卷五中已讲得很清楚：“山脉与水脉相通，观山脉亦可以知水脉。”

“探脉”，是指徐霞客考察山脉时常用的方法。以南宁为例，他说：“南宁之脉，自罗秀东分支南下，岗陀蜿蜒数里，结为望仙坡，郡城倚之。又东分支南下，结为青山，为一郡水口。青山与马退东西对峙，后环为大围，中得平壤，相距三十里。边境开洋，曾无此空阔者。”

又如广西庆远，他说：“郡城之脉，西南自多灵山发轫，多灵西南为都泥，东北为龙江，二江中夹之脊也。东北走六十里，分支而尽于郡城。将抵城五里外，先列为九龙山，又东北为大号山，又北结为土山，曰料高山，则郡之案也。又北遂为郡城，而龙江截其北焉。”

类似的例子还很多，不一一列举。

4. **物我合一。**

“物我合一”也就是“天人合一”，如庄子说的“天地与我并生，万物与我为一”。体现在徐霞客身上则是自然山水之性即我性，山水之情即我情。他把山水融入心中，或是把自己融入山水中，主客体融为一体。他寻山如访友，人意山光，俱有喜态。他在考察途中，“山深路僻，两人者勃窣(匍匐而行）其间，觉树影溪声，俱有灵幻之气”。

他游大理清碧溪遇险后，“踞石坐潭上，不特影空人心，觉一毫一孔，无不莹澈”。

他在游商州境南时说：“时浮云已尽，丽日乘空，山岚重叠竞秀，怒流送舟，两岸浓桃艳李，泛光欲舞；出坐船头，不觉欲仙也！”

游浙江衢州杨村时，他说：“江清月皎，水天一空，觉此时万虑俱净，一身与村树人烟俱镕，彻成水晶一块，直是肤里无间，渣滓不留，满前皆飞跃也。”

5. **道法自然。**

“道法自然”是道家的最高效法对象。因此，道家尊重自然，爱护自然，是环保的典范。道家认为，自然界到处都充满生命，不但一切动物、植物本质上都代表生命体，连一切山川、河流也都充满生命，人类绝不能污染，更不能破坏。徐霞客接受了这种思想，成为他环保思想的基础。后有《环境保护内容》一节，此不赘述。

6. 实践出真知(考察在前，科学结论在后)。

徐霞客通过艰苦细致的考察之后，得出了以下科学结论：

①山谷川原，候同气异。

②推江源者，必当以金沙为首。

③程愈迫则流愈急（河流坡降问题）。

④两旁石崖，水啮成矶（流水侵蚀作用）。

⑤岩溶地貌的地区差异与分布。

⑥雁湖之水，皆与大龙湫风马牛无及。

⑦岩溶洞穴结构的六个基本形态。

⑧游云南昆明棋盘山时，“顶间无高松巨木，即丛草亦不甚深茂，盖高寒之故也”（指植物的垂直分布规律）。

⑨游云南丽江时，“其地杏花始残，桃犹初放，盖愈北而寒也”（指植物的纬度分布规律）。

7. 山水有灵性。

徐霞客认为，山水有灵性。比如：

游广西北流巫山寨时，他说：“惟与山灵互相盼睐而已。”

游广西三里青狮南洞时，他说：“诸君自下呼噪，人人以为仙，即余亦自以为仙也。倏明倏暗，倏隔倏通，倏上倏下，倏凡倏仙，此洞之灵，抑人之灵也？”

游贵州普安州步雄时，他说：“山深路僻，两人者勃窣其间，觉树影溪声，俱有灵幻之气。”

游云南保山玛瑙山时，他说：“余闻之，既喜此中之多奇，又喜元康之能悉其奇，而余之得闻此奇也。地主山灵，一时济美，中夜喜而不寐！”

游鸡足山时，有人破坏自然环境，他质问道：“山灵何罪而受此耶？”

游云南师宗时，霞客用冷泉水冲脚，结果脚痛。他问自己：“此灵泉而以濯足，山灵罪我矣。”从此他相信山水有灵性，“不敢自讳以没山灵也”。

（八）为旅游献身

崇祯十二年（1639）八月二十二日，徐霞客在考察了云南西部保山、腾冲、蒙化等地后，又回到鸡足山，距第一次来鸡足山已有半年多了。

在山上，他发现自己得了风病，“而苦于无药”，他只好在山上的澡堂里浸泡。这个澡堂比较特别，它“煎以药草，乃久浸而熏蒸之，汗出如雨，此治风妙法，忽幸而值之，知疾有疗机矣”。他对治好自己的病充满了信心，充满了希望。然而由于长期在野外考察，有些病没有及时治疗，加上劳累，营养不良，免疫力下降。根据成都军区昆明总医院传染科副主任医师刘斌介绍，中国古代云南等地瘴气横行，徐霞客应是被瘴气侵害。瘴气是指热带森林中的湿热之气，是热带、亚热带传染性疾病的统称，如登革热、伤寒、疟疾、鼠疫等。从《徐霞客游记》记述的症状来看，刘斌认为徐霞客可能就是得了登革热。所以他的身体一天不如一天了。就是在这种身体状况下，他仍然坚持编纂《鸡足山志》，最后病倒了。丽江土知府木增见霞客病情十分沉重，且有思乡之意，加上顾仆逃走对他是一个很大的打击，从此身边无人照顾，于是派了八个纳西族壮汉用滑竿将徐霞客从鸡足山抬送回家。徐霞客坐着滑竿辗转半年，“至楚江，困甚”，稍事休息之后，才从湖北黄冈由侯鼎铉派船，乘船回到江阴家中。

根据张兴华先生的考证，徐霞客由鸡足山回家的路线是：鸡足山—洱海卫（今祥云县）清华洞—楚雄府（今楚雄市）—昆明—石门关（今盐津县豆沙关）（以下水路）—叙府（今宜宾）—峨眉山—叙府（今宜宾）—三峡—黄冈—京口（今镇江）—无锡—江阴南旸岐胜水桥[①]。

---

①张兴华：《也谈霞客大西南游的归程》，《徐霞客研究》第17辑第170~176页，地质出版社2008年。

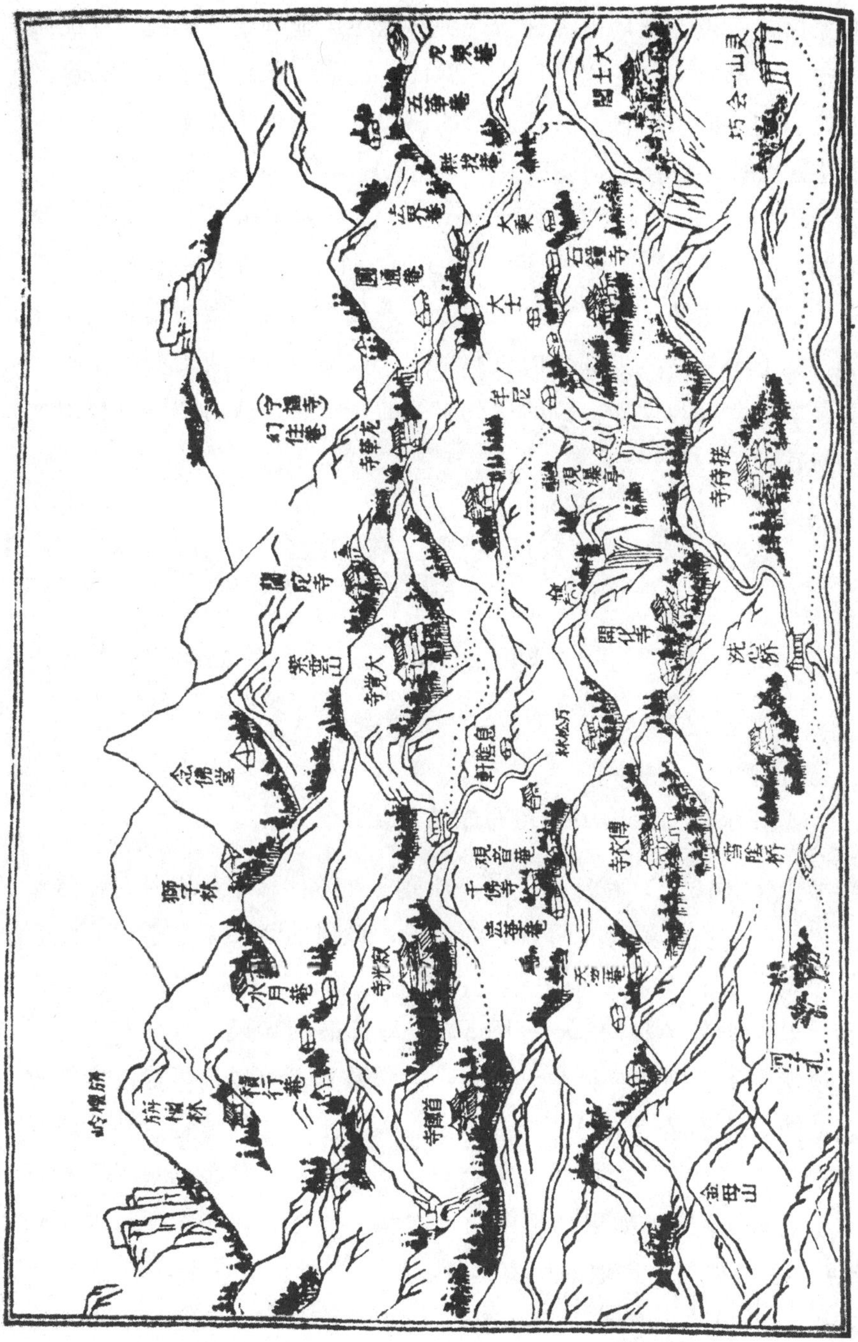

图1－4　鸡足山图

回家后，听说黄道周被人诬告，关在狱中。他马上叫大儿子徐屺带上新棉衣和自己的文稿去北京探监，慰问黄道周。徐屺进京后，霞客的病一天天加重。他感到自己整理游记的愿望恐怕实现不了了，就反复考虑，委托谁来整理最合适。最后决定委托家庭教师季梦良整理游记。

崇祯十四年（1641）正月二十七日，徐霞客在病床上一边抚摸他带回来的各种奇石标本，一边回忆他旅游中的许多故事，渐渐进入梦乡，一梦不起，离开了人世，时年56岁。一代奇人，一颗科学和文学明星陨落。他把一生献给了探奇的旅游事业，成绩卓巨，成为明朝末年四大科学家之一，成为世界一流的研究岩溶的科学家，成为中国近代地理学的开创者。

四、记奇

（一）在艰苦的旅途中坚持写旅游日记

崇祯十年（1637）五月初三日，徐霞客在游桂林七星岩时，在《徐霞客游记》中首次谈到写旅游日记的情况，此前的《徐霞客游记》没有谈过这个问题。根据我二十多年前的统计，徐霞客旅行考察总天数为1414天，其中野外考察748天，占53%；写日记1040天，占74%。由于有的日记遗失了，因此统计数只能是个大致数目。可以说，徐霞客在旅行考察期间，几乎是天天记，但并不是每天必定写一篇日记。他有时是连续考察几天后追记；有时是几天合记。即使这样，他平均每天写日记的字数仍达590余字。如果加上专题论文和其他诗文，那么他每天平均要写600余字。如果单讲他的西南之行，那么他每天平均要写650个字。当然，他每天写的字有多有少，多的达7680余字，最少的只有五六个字。在艰苦的旅途生活中，能如此坚持创作，很不容易[①]。

另据郑祖安先生的研究，认为徐霞客是在白天写日记，几乎不在夜间写。这样一来，写日记变成了隔夜补写，甚至是隔两夜、隔数夜补写。在相对比较安定的环境中，他会集中一天或几天的时间来补写日记。如：

崇祯十年（1637）十一月十八日，利用一小段空闲时间，写了4800字的日记，总结了在广西向武旅游考察的见闻，是篇幅第三长的日记。

崇祯十年（1637）年底和十一年年初，在广西三里城住了50天。考察了附近的山川溶洞等自然风光，也考察了这里的人文景观及当地民俗民风。他利用二月十三日下雨之机，专心写日记，用7800字总结了这50天的见闻，是日记中篇幅最长的一篇。

崇祯十一年（1638）二月十七日至三月初九日，在广西庆远一寺庙中住了23天。他利用初九这个雨天，在寺中写了6600字的日记，总结了这23天的见闻，是篇幅第二长的日记。

除了在室内写日记外，徐霞客还在桃花阳光中写，面对连绵群峰写，在山崖上写，在悬崖高亭中写，在深山崖缝嵌阁中写，在船中写[②]。

由于徐霞客采用的是补写日记的方法，因此写日记成了回忆之作。这就要求他有惊人的记忆力，不然，那些精确的里数、洞穴的高度、宽度、长度，河流的宽度，无数的地名等都无法做到记载准确。由于他有超强的记忆力，所以他能在事后将这一切还原出来，变成了一页页精彩的日记[③]。

他的日记在明末战乱中遗失了不少，剩下的经后人搜索整理，形成了流传至今的60余万字的地理学和文学经典《徐霞客游记》。

---

①杨文衡：《从统计数字中看徐霞客的成就》，《自然杂志》第11卷第9期，1988年。

②郑祖安：《徐霞客是如何写日记的》，《徐霞客研究》第17辑第160页。地质出版社2008年。

③郑祖安：《徐霞客是如何写日记的》，《徐霞客研究》第17辑第160~168页。地质出版社2008年。

（二）自创旅游技术

徐霞客自创的旅游技术包括两个方面：一是攀登悬崖的技术；二是探索洞穴的技术。

1. 攀登悬崖的技术。

徐霞客攀登悬崖的技术，基本上都是他自创的，只有个别地方是从僧人那里学来的。比如黄山游僧澄源与他一起游天都峰，“从流石蛇行而上，攀草牵棘，石块丛起则历块，石崖侧削则援崖。每至手足无可着处，澄源必先登垂接”。可见那时霞客的攀崖技术还不如澄源，需要澄源的帮助和指导。下山时，他“前其足，手向后据地，坐而下脱，至险绝处，澄源并肩手相接”。可见，是澄源先下，然后霞客学澄源的动作后下，澄源在下面肩手相接。这种下山技术，霞客在游嵩山时再次运用，他“从两石峡溜中直下，仰望夹崖逼天……愈下，崖势愈壮，一峡穷，复转一峡；吾目不使旁瞬，吾足不容求息也。如是十里，始出峡抵平地，得正道”。

游天台山时，他“揉木缘崖”，就是使树木弯曲来攀登山崖的技术。

游庐山时，他“从石崖上，上攀下蹑，磴穷则挽藤，藤绝置木梯以上”。

游雁荡山时，他负梯登崖上圆洞，“梯不及，则斫木横嵌夹石间，践木以升；复不及，则以绳引梯悬石隙之树，梯穷济以木，木穷济以梯，梯木俱穷，则引绳揉树，遂入圆洞中”。有一次，他把崖间的修藤垂蔓收集起来，带在身上。“当石削不受树，树尽不受履处，辄垂藤下”。

游湖南茶陵云阳山时，他“与顾仆挂石投崖，悬藤倒柯，坠空者数层”。“坠壑滚崖，技无不殚，然皆赤手，无从裹毡也”。

游云南鹤庆金华山时，他“乃攀枝横跌，跌一重复更一枝，幸枝稠箐密，不知倒空之险，如是一里，如蹈碧海，茫无涯际……益用攀坠之法”。

游云南保山石城时，“南向披丛棘，如蛇游伏莽，狨过断枝”。

游雁荡山时，用裹足布结绳，攀登悬崖。

据统计，霞客自创的攀登悬崖技术有八种：一是蛇行而上，攀草牵棘；二是坐溜下山；三是揉木缘崖；四是上攀下蹑，梯藤相济；五是挂石投崖，悬藤倒柯；六是攀枝横跌或攀坠之法；七是梯、木、绳组合法；八是用裹足布结绳攀登法。

2. 探索洞穴的技术。

徐霞客善于钻洞，在我国古代是罕见的、无与伦比的。他有一整套的探索洞穴的技术和经验，据统计有八种：

①伏地蛇行法。钻狭窄洞穴或洞内管道时，徐霞客用伏地蛇行法。如游江西永新梅田洞时，“圆窦如月，侧隙如圭，玲珑曲折，止可蛇游猿倒而入”“蛇退而返”。他用蛇比喻自己进出狭窄洞穴的情况。游湖南麻叶洞时，洞内“直北一穴，低仅一尺，阔亦如之”，霞客“乃先以炬入，后蛇伏以进，背磨腰贴，以身后耸，乃度此内洞之一关”。游桂林青珠洞时，洞内“有窍南入，甚隘”。霞客和向导都“去衣赤体，伏地蛇伸以进。其穴长三丈，大仅如筒”。游湖南茶陵上清潭时，他“解衣伏水，蛇行以进”。

游桂林黄金洞时，“第隘而层折，四体难舒。于是脱衣赤体，蛇伸蠖曲，遂出上层平庋阁上……亦以前法教静闻猱而升，乃共下焉”。

游阳朔龙洞岩时，“穴仅如巨管，蛇游南透五六丈后，始可屈伸”。

②手撑足支法。游阳朔龙洞岩时，“余独审视其夹，虽无隙级，而夹壁宛转，可以手撑足支，不虞悬坠，遂耸身从之，如透井者然，皆横绷竖耸，不缘梯级也”“教静闻如余法登，真所谓教猱也”。

③臂绷足撑法，又叫蹲股法或溜险投空法。 游广西融安县真仙洞时，其中有一个竖洞，“止容一身，然下坠甚深”。霞客想下到底层，“但崖峻而下悬，不能投虚而坠”。他观察了很久，“见左壁有竖隙，虽直上无容足攀指处，而隙两旁相去尺五，可以臂绷而足撑，乃稍下”“若鸟之摩空，猿之踔虚，似非手足之灵所能及也。既至隙中，撑支其

内，无指痕，安能移足；无足衔，安能悬身。两臂两足，如胶钉者，然一动，将溜而下。然即欲不动，而撑久力竭，势必自溜，不若乘其势而蹲股以就之，迨溜将及地，辄猛力一撑，遂免颠顿。此法亦势穷而后得之，非可尝试者也”。这是逼出来的办法，是躯命游，奇游。是“急中生智”一类的应急办法，平时没有尝试过。一般人无论如何也不敢如此冒险。

④撑隙支空法。游云南鹤庆青云洞时，徐霞客看见“有穴下坠甚深……乃撑隙支空而下三丈，至其底”。

⑤反攀倒跻法。在广西隆安，徐霞客为了游金榜山小洞，他从北崖的线痕攀登，“反攀倒跻，两盘断峡下而复上，始凌洞门”。

⑥手攀足登子石法。在广西白石山，徐霞客“从岩右蹑削崖……崖虽危峭而层遥，盘隔处中有子石，圆如鹅卵，嵌突齿齿，上露其半，借为丽趾之级，援手之阶”。

⑦木筏法。考察水洞时，徐霞客用木筏法。在广西融安县，为了考察真仙洞，徐霞客请砍柴人联木为桴，复以岩中大梯架其上，上更置木盆。他坐在木盆中，架足梯上，砍柴人将联桴（即木筏）前牵后顶，沿地下河推进。

⑧赤身伏水法。这也是徐霞客考察水洞的方法。当水洞很狭窄时，有木筏也用不上。此时霞客只好脱衣赤身，伏水而进。比如浙江金华双龙洞乃水洞，为了入洞，霞客先跟老乡借一个澡盆，把脱下的衣服放在盆中，然后“赤身伏水，推盆而进隘”。游湖南茶陵上清洞时，霞客也是“解衣伏水，蛇行以进，石隙既低而复隘，且水没其大半，必身伏水中，手擎火炬，平出水上，乃得入”。

徐霞客上述八种探索洞穴的技术，至今仍然是十分宝贵的经验。

（三）科学考察方法

徐霞客的科学考察方法，归纳起来有八种：

1. 探险。

前面我们已经讲过，徐霞客为了科学考察，多次遇险，实际上也是探险。探险才能获得新知、真知，才能揭开大自然的奥秘。历史上中外探险家们，都是因为勇于探险，才获得了超越前人的成就。张骞出使西域，法显佛国之游，玄奘去印度取经，郑和七下西洋；哥伦布的环球旅行，马可·波罗的中国之游，利玛窦的传教，无一不是勇于探险才打开了大自然奥秘的大门、人类奥秘的大门。徐霞客也是如此。由于他勇于探险，才获得了当时世界一流的研究岩溶地貌的科学成就。

2. 对比研究。

对比研究或称比较研究，是将两个或两个以上的事物加以对照，以说明它们在某些方面的相似或差异及其原因的研究类型。比较是人们认识事物最常用和最基本的方法之一。比较研究可以时间、空间、进程、内容、形式、内部结构、外部联系等不同角度进行。通过比较分析，有助于人们认识事物之间的联系和区别。

《徐霞客游记》中记载的对比研究，我初步统计，有71次。从内容上看，有洞穴大小、洞穴形态、洞穴结构、洞穴内沉积物、风洞、石盘、湖泊、河流大小、河流形态、地形、铁索桥、瀑布、山峰形态、泉水形态、泉水水味、天生桥形态、岩石性质与地形、一线天形态、山岳形态、河流坡降、植被、岩石矿物颜色、山川地区差异、地区环境、山脊等25项。徐霞客从对比研究中，知道各地不同事物之间有差异及产生差异的原因，从而显示了徐霞客的记载和论述更具有地理学的价值。德国地理学家李特尔在1804年坚持认为，地理学必须描述和解释一个地区的现状①。徐霞客的做法正是如此。比如：

① 他把黄山与庐山作比较。在黄山上，他“倚松而坐，瞰坞中峰

---

①（美）理查德•哈特向著，叶光庭译：《地理学的性质》第59页，商务印书馆1996年。

石回攒，藻缋满眼，始觉匡庐、石门，或具一体，或缺一面，不若此之闳博富丽也”。两山对比，还是黄山美丽，黄山胜过庐山。并讲清楚了黄山胜过庐山的原因。

② 他把华山、太和（今武当）、嵩山、少室山的植被作对比，并讲清楚了四处植被不同的原因。他指出：“华山四面皆石壁，故峰麓无乔枝异干；直至峰顶，则松柏多合三人围者；松悉五鬣，实大如莲，间有未堕者，采食之，鲜香殊绝。太和则四山环抱，百里内密树森罗，蔽日参天；至近山数十里内，则异杉老柏合三人抱者，连络山坞，盖国禁也。嵩、少之间，平麓上至绝顶，樵伐无遗，独三将军树巍然杰出耳。”

③ 他游览了湖南临武龙洞后，发表评论说：“一入即见百柱千门，悬列其中……玲珑宛转，如曲房邃阁，列户分窗，无不透明聚隙，八窗掩映。从来所历诸洞，有此屈折者，无此明爽；有此宏丽者，无此玲珑。即此，已足压倒众奇矣。”

④ 他把广西桂平白石山丹霞地貌，跟桂林、阳朔、柳州、融县的石灰岩峰林地貌作对比，看出了两者的差异，其原因是岩石性质不同。白石山是红色岩层，即丹霞地貌；而桂林、阳朔、柳州、融县等地则是石灰岩，是石灰岩峰林地区。丹霞地貌的白石山比石灰岩峰林更难攀登。他说：“此峰（指白石山）三面亦皆危崖突立，惟南面一罅，梯峡上跻，颇如太华三峰，上分仙掌，下悬尺峡，透险蹑危。此真青柯嫡冢，他未见其比也。何者？桂、朔、柳、融诸峰，非不亭亭如碧簪班笋，然石质青幻，片片如芙蓉攒合，窍受蹑，痕受攀，无难直跻；而此则赤肤赭影，一劈万仞，纵覆钟列柱，连轰骈峙，非披隙导窍，随其腠理，不能排空插翅也。”

类似的例子太多，不一一列举了。

3. 采集标本。

用采集标本来进行科学研究的方法，是西方近代科学发展的特征之一。它始自16世纪。在此之后约一个世纪，徐霞客已在考察过程中采集标本了。当然，他采集标本的做法，还是一种初级阶段的做法，跟西欧自16世纪建立标本室的做法差距较大，不在同一个水平。他采集标本有时是出于好奇、喜爱。如在云南保山采集到的石灰华石树，在旅行中既不便携带，也不好保管，于是只好送给朋友了。尽管如此，徐霞客能够在考察中注意采集标本来进行地理学的研究，是一件很了不起的事情。表明他已正式采用了近代科学才广泛采用的科研方法，证明他的确是中国近代地理科学的先驱。

徐霞客采集标本的内容包括岩石、矿物和植物的叶、花、果实等。有时他采的花，并不一定是做标本，而是献给佛教的菩萨和道教的神仙。

徐霞客采集标本，有时是出于喜爱。如在桂林考察时，“有百合花一枝，五萼甚钜，因连根折之，肩而下山”。一时喜爱而已，并没有制成标本。他那时也还没有严格制作标本的概念和方法。类似的采集还有很多，比如：

在广西向武游洞穴时，“下有丸石如珠，洁白圆整，散布满坡坂间……余选其晶圆者得数握，为薏苡，为明珠，不能顾人疑也”。

在云南保山水帘洞，他采集了石钟乳，“适马郎携斧至，借而击之，以衣下承，得数枚。取其不损者二枚”。

在广西佶伦，他“得古梅一株，花蕊明密，幽香袭人，徘徊其下不能去。折奇枝二，皆虬干珠葩”。

在广西三里城，采集相思豆，“其子如豆之细者而扁，色如点朱，珊瑚不能比其彩也。余索得合许”。

但有些标本采集，似乎是有意保存，想作进一步的研究。如：

在云南安宁曹溪寺，看到一株优昙树，“其高三丈余，大一人抱，而叶甚大，下有嫩枝旁丛。闻开花当六月伏中，其色白而淡黄，大如莲而瓣长，其香甚烈而无实。余摘数叶置囊中”。这里对优昙树的描述，与后来对植物标本的记录类似，最后还采其叶置囊中，确实是有想作为标本的打算。

在云南大理蝴蝶泉边，见“泉上大树，当四月初，即发花如蛱蝶，须翅栩然，与生蝶无异……过五月乃已……乃折其枝，图其叶而后行”。这里不仅是“折其枝”，还要“图其叶而后行”，的确是有意要采集标本，以便作进一步的研究。

4. 查文献。

任何科学研究都免不了要查文献，从文献中了解别人这项研究的情况和成果。徐霞客在考察过程中非常注重查文献，从文献中得知一个景点、一条线路、一个城市、一个地区的历史发展、现状、变迁等情况，为他选择考察景点和线路提供了参考资料；也为他纠正古人的谬误提供了材料。现举几个例子：

在江西乐安，徐霞客为什么要走这条考察线路呢？是因为他“初览其志，知其城西四十里，有天生石梁，其侧有石转运，故欣然欲往”。

在湖南临武，他“过宝林寺，读寺前《护龙桥碑》，始知宝林山脉由北柱来……《志》所称石柱，即碑所称北柱无疑矣”。他以碑上文字纠正了《志》书上的错误。

在广西桂林，“余憩寓中，取《图》《志》以披桂林诸可游者”。图、志是徐霞客的重要导游。“余停屐寓中，览《西事珥》《百粤风土记》”。

在广西浔州（今桂平），徐霞客“按《志》：山北有漱玉泉，而《西事珥》与《百粤风土记》俱谓其泉暮闻钟鼓则沸溢而起，止则寂然，诧以为异。余谓泉之沸寂，自有常度，乃僧之候泉而鸣钟鼓，非泉之闻声而为沸寂也”。他对文献记载不盲从，经过考察，给出了符合实际的解释。

在云南剑川州（今剑川县），徐霞客“按《一统志》，金华山脉，自西番罗均山来，盖老君即罗均之讹，然谓之西番者，则《统志》之讹也”。

在云南永平澜沧江边，徐霞客说：“《一统志》谓赵州白厓睑礼社江至楚雄定边县，合澜沧江入元江府，为元江。余按澜沧至定边县西所合者，乃蒙化漾濞、阳江二水，非礼社也；礼社至定边县东所合者，乃楚雄马龙、禄丰二水，非澜沧也。然则澜沧、礼社虽同经定边，已有东西之分，同下至景东，东西鄙分流愈远。李中溪著《大理志》，定澜沧为黑水，另具《图说》，于顺宁以下，即不能详。今按铁锁桥东有碑，亦乡绅所著，止云自顺宁、车里入南海，其未尝东入元江，可知也。”他以碑文来纠正《一统志》之误。

类似的记载很多，我初步统计，有 21处。不一一列举了。

5. 问民众。

野外科学考察，向民众问路、问地名、问旅店、问距离是常有的事，徐霞客也是如此。他寻问的对象有僧人、道士、牧人、当地老百姓、旅店老板、儒者、少年、长者、少数民族、老农、樵者、尼姑、垂钓童子等。其中以寻问僧人最多。比如：

游云南保山石城时，当地人说：“喧中人俱不识石城路，唯中台僧能识之；且路必由中台往，无他道也。”

游云南腾冲宝峰寺时，霞客“问道于尼”“僧宝藏命其徒径空前导，从东北行，皆未开之径也”。

游福建二十八都时，霞客“遍询登山道。一牧人言：‘由丹枫岭而上，为道而远，由二十八都溪桥之左越岭，经白花岩上，道小而近。’余闻白花岩益喜，即迂道且趋之，况其近也”。

游湖南茶陵新庵时，霞客问路，“土人曰：‘络丝潭北有上清潭，其门甚隘，水由中出，人不能入，入即有奇胜。此洞与麻叶洞俱神龙蛰处，非惟难入，亦不敢入也。’余闻之，益喜甚。”

游湖南永州时，霞客“见一长者，余叩此中最胜”，长者告之，“余从之”。

据初步统计，《徐霞客游记》中记载的询问民众次数约52次，这里不一一列举了。

6. 宏观研究与微观分析。

清人潘耒在其序言中说："霞客之游……先审视山脉如何去来，水脉如何分合，既得大势，然后一丘一壑，支搜节讨。"这话形象地说明了霞客在地理考察中采用了先整体后局部、先宏观后微观的研究方法。例如，霞客在探讨云南高黎贡山的脉络时，从宏观视野详细分析了高黎贡山如何从横断山脉自北而南逐步分异和伸延开来，将高黎贡山的来龙去脉解释得一清二楚，且与实际情况完全符合。

微观分析的实例在《徐霞客游记》中很多，尤其是对300余个洞穴的形态和特征的描述，其细致和精确程度几乎不亚于雕塑艺术家的手笔。

7. 区域分析与类型研究。

徐霞客在考察了广西、贵州南部和云南南部之后，对这三个地区的岩溶地貌及水文地理的总体特点作出了高度的概括："粤西之山，有纯石者，有间石者，各自分行独挺，不相混杂。滇南之山，皆土峰缭绕，间有缀石，亦十不一二，故环洼为多。黔南之山，则介于两者之间，独以逼耸见奇。滇山惟多土，故多壅流成海，而流多浑浊。粤山惟石，故多穿穴之流，而水悉澄清。而黔流亦介于二者之间。"

在类型研究方面，《徐霞客游记》中最为集中和精彩的是对各类洞穴形态和特征的分类学研究。霞客依据其考察所见，先根据洞穴的水文状况将其分为水洞和干洞两类；继而，又根据洞穴大小、气候状况将洞穴分为暖洞、冷洞和风洞三类；又根据洞穴结构将洞穴分为六个基本形态，即藤瓜式、楼阁式、蹲虎式、深井式、厅堂式和海螺式[①]。

8. 推理分析。

推理分析是徐霞客在考察中最擅长的一种研究方法。例如，他从黄河与长江的流域范围和流量的比较，提出了为什么"江源短而河源长"的疑问，并进而提出了长江源自金沙江而非岷江的正确结论。再如，他

①唐锡仁、杨文衡：《徐霞客及其游记研究》第54~56页，中国社会科学出版社1987年。这部分为杨文衡撰写。

在考察北岳恒山时，根据“是山土山无树，石山则有”的重要地理现象，作出了“北向俱石，故树皆在北”的科学论断①。

五、奇迹——取得世界一流的科学成果

徐霞客在对大自然作科学考察的三十余年实践中，取得了一系列的科学成果。其中尤以岩溶地貌和洞穴学的研究最为突出，这不仅是中国的一流成果，而且是世界的一流成果。徐霞客是世界岩溶地貌和洞穴研究的先驱。

朱德浩、朱学稳、李慧芳三位先生认为，徐霞客走在西方岩溶界前面体现在四个方面：

第一，在考察范围、对象和行程长短方面，徐霞客在世界上的可熔岩连续分布面积最大、热带亚热带岩溶最为发育的地区进行了三年多的考察。他所探查的许多洞穴是人类从未进入过的处女地。在没有任何现代化仪器装备、生活条件十分恶劣的情况下，能取得如此多的洞穴和地质地理资料，确实是“前无古人，后无来者”。即使在今日，像他那样在如此广大范围内靠步行进行考察者，也属凤毛麟角。

第二，徐霞客具有令人惊叹的观察能力，他对所经地区的各种岩溶现象几乎都有记述，涉及的岩溶现象的类型和数量之多，是早期西方任何单一学者所未曾达到过的。

第三，徐霞客在360多年前，只身探查数百个洞穴，并做了大量记录，这些记录准确、细致，几乎涉及洞穴学的各个分支。在缺乏仪器

①倪绍祥：《从徐霞客与洪堡的比较试论徐霞客及其游记在世界地理学发展史中的地位》，《徐霞客研究》第7辑第37~47页，学苑出版社2001年。

的情况下，徐霞客对洞穴的形状及结构变化，通道的方向、大小和分合都有正确的记述，是非常难能可贵的，有时甚至达到令人难以置信的程度。

第四，徐霞客虽然生活在16～17世纪，但他摒弃了宗教神学的自然观和认识论，忠实地记述大自然的本来面目。他广泛收集已有的图书资料，但又不迷信古人之言，而只将其作为一种向导，并用自己亲身考察去修改已有的图书资料。他注意向地方上各种阶层的人士了解情况，但又不受世俗偏见的束缚。他身上散发着近代科学家所具有的求实精神的熠熠光华。

在以上四个方面，可以说徐霞客是走在西方岩溶界的前面，用200年来形容这一差距是合适的[①]。

①朱德浩，朱学稳，李慧芳：《世界岩溶地貌和洞穴研究的先驱——徐霞客》，《徐霞客研究》第10辑第74~89页，学苑出版社2003年。

第二章

奇书

一、 人见人爱的奇书——《徐霞客游记》的流传

美国地理学家理查德·哈特向在《地理学的性质》中说：“地理学一开头就不得不依靠旅行家和文学家的生动描写。后来单纯描写已被寻求因果联系的解释性描写所取代了。”[①]这话反映了西方早期地理学发展的情况。其实中国古代地理学的发展也是如此。徐霞客在地理学上的贡献，能够为现代人所知道，靠的就是他作为旅行家和文学家的生动描写。没有他的生动描写，《徐霞客游记》就没人看，没人抄写，没人保存，当然也就不可能流传到今天。正因为徐霞客的生动描写，《徐霞客游记》才成为人见人爱的奇书，把它当宝贝予以珍藏。尽管经历战乱，散失了一部分，但仍有六十多万字流传至今，仍然是中国古今游记之最。

钱谦益对《徐霞客游记》的评价是：“走笔为记，如甲乙之簿，如丹青之画，虽才笔之士，无以加也。”这是夸霞客的文笔好，文字描述如美丽画卷，妙不可言。又说：“霞客记游之书，高可隐几……当为古今游记之最。”这是说明霞客游记数量多，手稿摞起来把茶几都掩没了。这么长篇的游记堪称古今之最。又说：“霞客先生游览诸记，此世间真文字、大文字、奇文字，不当令泯灭不传。”“《游记》乃千古奇书。”

《徐霞客游记》既然这么神奇，自然会有人以抄本的形式流传。最先形成抄本的是季梦良（字会明），他是霞客家中塾师。崇祯十三年（1640）六月，霞客从云南回家后，即托季梦良整理游记，但季当时没

① (美)理查德·哈特向著，叶光庭译：《地理学的性质》第145页，商务印书馆1996年。

应承。后又转请霞客友人王忠纫整理，王氏不久即去福建任职，仅将原稿略加叙次即交回。徐霞客去世后，宜兴曹骏甫借《游记》予以誊录，逾一年而还。此后经季梦良整理，重抄一遍，形成了《徐霞客游记》的第一个抄本。季氏的始抄本此后经多人重抄而散失。今存国家图书馆的季抄本乃季氏家人第二次重抄之本。

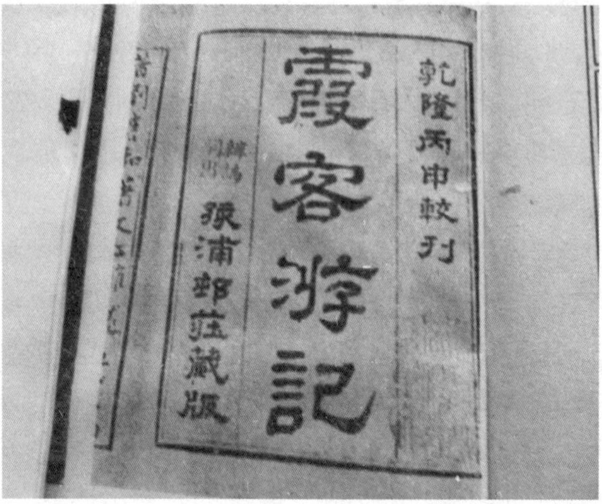

图2-1《徐霞客游记》乾隆版

《徐霞客游记》的第二个抄本是曹骏甫、史夏隆抄本。后来史夏隆把这部抄本主动给了徐霞客的儿子李寄（介立），成为李介立整理本的基础，得以流传后世。

从徐霞客逝世到《徐霞客游记》正式出版，中间经历了135年。可考的抄本有二三十种，散佚或未见书目的比这个数目多得多。比较有名的抄本有：徐建极抄本、李介立抄本、奚又溥抄本、杨名时抄本、杨名宁抄本、陈泓抄本等。

乾隆四十一年（1776）霞客族孙徐镇将《徐霞客游记》雕版印刷，出了第一个刊本。此时距霞客去世已135年。书共分十卷，每卷又分上、下两部分。

乾隆刊本之后，比较有名的刊本有：嘉庆十三年（1808）叶廷甲本，光绪七年（1881）上海瘦影山房本，1927年丁文江本，1980年褚绍唐、吴应寿整理本，1985年朱惠荣校注本等。据刘瑞升先生讲，他已收藏了全本《徐霞客游记》53种，选本28种。其中最早的是民国十三年

（1924）上海扫叶山房本，线装两函12册；最晚是2006年1月华夏出版社本，史念林等注，平装上下册。[①]

二、 举世罕见的奇书——《徐霞客游记》的价值

（一）《徐霞客游记》是中国古代游记文学的经典

《徐霞客游记》在明朝末年尚以抄本流传时，不少著名的学者就对它的文学价值作了高度的评价。如钱谦益说：《徐霞客游记》“当为古今游记之最”，它是“世间真文字、大文字、奇文字”。奚又溥不仅替《徐霞客游记》作序，而且赞誉它“其笔意似子厚，其叙事类龙门”。表明此书的成就堪与龙门（司马迁）、子厚（柳宗元）同列。《徐霞客游记》作为日记体纪实文学之最，其直书之质朴又简洁，画面之雄阔又壮美，加以纪实时跨之长、空间之大、规模之宏、气势之壮，不仅当时无与伦比，也是后世不可逾越的千古高峰。

游记文学是纪实文学的一种。徐霞客把当天所闻见、所经历、所发现、所思考，及时记录在案，就成了一篇篇成功的新闻报道。《徐霞客游记》的权威性文献价值，之所以经住了历史的检验，主要在于其文学上的高品位[②]。

《徐霞客游记》以细腻的笔触，简明恰当的语言，再现了山山水水的美丽容貌，展示了祖国山河的大好风光。比起唐宋时期一些散文家的

---

①刘瑞升：《〈徐霞客游记〉版本散记》，《徐霞客研究》第17辑第244~252页，地质出版社2008年。

②艾若：《假如不是文学大师——不可逾越的〈徐霞客游记〉》，《徐霞客研究》第1辑，学苑出版社1997年。

作品，无论内容或艺术形式都大大前进了一步。《徐霞客游记》作为游记文学的一个高峰，当之无愧！[①]

《徐霞客游记》是游记，而非其他（例如考察报告之类）。这部游记由于对所游之处的地形地貌有详细准确记述，因此具有重大的地理学价值和科学价值。然而它作为“游记”之基本性质，却是无可怀疑的。游记作为散文艺术之一种，它的文学性居于首要地位，所以游记首先就是一部文学书。它是文学书带有科学性，而非科学书带有文学性[②]。

《徐霞客游记》是一部日记体纪实文学形式的科学巨著，是纪实文学，属散文类。它不是平庸之作，是高手妙笔，极富散文个性。可以说《徐霞客游记》是以自由之笔写自得之见，抒自然之情，显自在之趣。我国古代山水散文大家多多，他们的精品流芳。但像徐霞客那样，洋洋60万字以上的日记体散文，唯徐霞客独有。《徐霞客游记》不愧是一首韵情山水的千古绝唱和百代史诗，不愧是一幅前无古人的山川大画卷、长画卷[③]。

《徐霞客游记》集古今游记之大成，体现了地理与文学的结合，是地理文学的不朽巨著。它像一幅“江山万里图”长卷，包罗神州大地千山万水，以及附着于名山胜水的烟云草木种种自然景观，以及城市村落种种人文景观，无所不备，无所不奇，气象宏伟，景物妍鲜，称古今游记之最，诚然哉[④]！

（二）《徐霞客游记》是中国近代地理学经典

1.《徐霞客游记》中的地理学观念与风水学说。

我于1992年写了《徐霞客的风水思想和活动》一文，主要讲了四个

①曹广志：《横看成岭侧成峰——徐霞客在中国游记文学史上的地位》，《徐霞客研究古今集成》第810页，中国书籍出版社2004年。

②徐公持：《寻山如访友，远游如致身——略谈徐霞客壮游及其游记之性质》，《徐霞客研究》第2辑，学苑出版社1998年。

③石在：《〈徐霞客游记〉的文学魅力》，《徐霞客研究》第2辑第56~60页，学苑出版社1998年。

④夏咸淳：《重读徐霞客——景观审美与写景艺术》，《徐霞客研究》第17辑第124~134页，地质出版社2008年。

问题：一是徐霞客常用的风水术语；二是徐霞客部分考察方法和目的与风水几乎一致；三是徐霞客关于山脉分布系列的论述，基本上来源于风水学说，并为说明金陵风水服务；四是徐霞客有部分活动是替亲朋好友或寺庙看风水。此文把《徐霞客游记》中的地理学观念与风水学说的关系基本上讲清楚了。由于本书有字数限制，所以不展开讲了，有兴趣的同志请去看那篇文章。[①]

2.《徐霞客游记》记录了科学考察的内容。

① 纠正古代地理文献的错误。

这个话题在第一章中谈过了，这里不重述。

② 水文知识内容。

第一，确定金沙江是长江源。

在《江源考》这篇论文中，徐霞客认定金沙江是长江源，说："推江源者，必当以金沙江为首。"这个结论纠正了《禹贡》、许慎、郭璞、郦道元等书等人误认为岷山是长江源头的说法，有重大的科学价值。许、郭、郦等人由于受时代限制，都不敢突破《禹贡》这部经书的框框，遵循"岷山导江"的说法，实际上避开江源问题不谈。而徐霞客的可贵之处正在于他能够摆脱经书的束缚，直言不讳地提出了与经书不同的解释。就凭这一点，完全可以说明他实事求是的科学态度，值得后人学习[②]。

第二，从四个方面论证长江大于黄河。

在《江源考》中，徐霞客从四个方面论证了长江大于黄河：一是河床宽窄，"河流如带，其阔不及江三之一"；二是流域范围（面积），"入河之水，为省五，入江之水，为省十一"；三是水量，"计其吐

①杨文衡：《徐霞客的风水思想和活动》，载《中国科学技术史国际学术讨论会论文集》，中国科学技术出版社1992年。又载于希贤、于涌：《中国古代风水的理论与实践》下册第551页，光明日报出版社2005年。

②陈桥驿：《关于徐霞客与江源的问题》，《纪念徐霞客诞辰四百周年文集》第59页，中国科学院地理研究所1987年。

纳，江既倍于河，其大固宜也”；四是河流长度，“龙远江亦远，脉长源亦长，此江之所以大于河也”。在中国古代，从上述四个方面来论证长江大于黄河的，徐霞客是第一人。

第三，天台山水系。

在《徐霞客游记》中，详细论述了天台山的水系脉络，把他前后二十年间三次游天台山所看到的水系情况作了概述，水系脉络清楚，方位正确。徐霞客坚持实事求是的精神，他去过的地方就说去过；没有去的地方，就明确写上“余屐未经”。

第四，流速与坡降的关系。

崇祯元年（1628），徐霞客已认识到河水流速与河床坡度有关。他以福建建溪（今闽江）和宁洋之溪（今九龙江）为例，说明两条河流发源地的高度差不多，那么“程（河流长度）愈迫（短），则流愈急”。这就是说河床坡度越陡，则流速越大。按现在的说法是河水流速跟河流坡降成正比。徐霞客这个论点是非常正确的，不论是在中国还是在全世界，徐霞客都是最早提出这个论点的人。

第五，论述沼泽的经典文献。

崇祯十二年（1639）七月初六日的游记，徐霞客详细描述了云南保山干海子沼泽，说是“见西壑下嵌，中圆如围城而底甚平，即干海子矣”。接着描述了沼泽的大小、物理性状、生产能力和水文特征。“海子大可千亩，中皆芜草青青，下乃草土浮结而成者；亦有溪流贯其间，第不可耕艺，以其土不贮水。行者以足撼之，数丈内俱动；牛马之就水草者，祇可在涯涘间，当其中央，驻久辄陷不能起。故居庐亦俱濒其四围，祇垦坡布麦，而竟无就水为稻畦者……余初狎之，欲从芜间涉此水，近水而芜土交陷，四旁摇动，遂复迂涉西湾”。这是一篇论述沼泽的专题论文，内容包括沼泽的形状、大小、生物、土壤、水文、生产、交通、物理性质等。像这样详细而具有科学价值的论述沼泽的文献，在徐霞客以前没有出现过。根据徐霞客的描述，现代地理学者认为，这个沼泽“可能是一片泥炭沼泽地，在这片泥炭沼泽地里，上面生长着‘芜草青青’的茂密植被，下面有‘草土浮结’和‘芜上交陷’的泥炭层，而且还有补给沼泽的溪水流经其间”[①]。我们称此文为论述沼泽的经典文献，恰如其分。现在，干海子已被水库淹没，见不到了，唯有霞客文字永远流传。

除上述五个内容外，徐霞客在《徐霞客游记》中还讲到珠江水系，专门写了《盘江考》论文。文中对珠江源地点的确立，与现代的测量结果误差只有几公里。又明确指出澜沧江和怒江都是独立南流归大海；讲了各地河水的流速、含沙量、水量变化、水质、分水岭、伏流、地形与水文的关系、河床的地区差异、泉水等内容。可见《徐霞客游记》中记载的水文知识是相当丰富的。徐霞客的水文学成就是在中国古代水系著作的基础上有了发展，攀登了东西方近代水文地理学的最高峰。

③ 地貌知识内容。

（1）山岳地貌。

《徐霞客游记》记述的山岳地貌有五个方面的内容，即山岳形态、山脉、山带、山系和单个山地地貌形态的描述。

徐霞客很注意山系的实地考察，对南龙（中国古代有三大干龙之说，南龙即指今长江以南的山脉）的搜寻几乎有40年，其用功之深可想而知。他批评宋朝人论南龙山脉只知濒江，而忽略了南岭山脉。他的看法是：“今详三龙大势：北龙夹河之北，南龙抱江之南，而中龙中界之特短。北龙亦只南向半支入中国；惟南龙磅礴半宇内，而其脉亦发于昆仑，与金沙江相持而下，经石门、丽江，环滇池之南，由普定度贵竺、都黎南界，以趋五岭。”徐霞客这段论述，除“亦发于昆仑”是因袭前人的错误外，其余都是基本符合实际情况的。所说的三龙，基本上代表了横亘中国的最主要的三条大致呈东西走向的山脉系列，它们往往是大河流的分水岭。徐霞客对山脉系列的研究作出了历史性的贡献。

（2）红层地貌。

---

①赵德祥：《我国历史上沼泽的名称、分类及描述》，《地理科学》第2卷第1期，1982年3月。

徐霞客对红层地貌的描述很准确，如湖南茶陵灵岩的红层地貌，他说是“自会仙岩来，其山皆不甚高，俱石崖盘亘，堆环成壑，或三面回环如玦者，或两对叠如门者，或高峙成岩，或中空如洞者，每每而是。但石质粗而色赤，无透漏润泽之观，而石梁横跨，而下穹然”。这段话把红层地貌的几个基本特征都说到了：第一，岩石是红色的砾岩、砂岩和页岩，“石质粗而色赤，无透漏润泽之观”；第二，冈丘顶部高度一般低于四周其他岩石所构成的山地，“其山皆不甚高”；第三，地形形态奇特，被称为假岩溶。“俱石崖盘亘，堆环成壑”。

（3）岩溶地貌。

岩溶地貌，指可溶性岩石（主要是分布最广的碳酸盐岩，即石灰岩）。石灰岩在水中是可以慢慢溶解的，不过溶解的速度非常慢，人的眼睛是看不出来的，需要上千、上万年才能看出溶解产生的变化。它不像食盐、糖，放在水中就能看见溶化了，溶解速度非常快。此外，白垩岩、白云岩、冰岩等也能被水溶解。这种岩石被水溶解的作用就叫做溶蚀。经以溶蚀、侵蚀（流水对岩石的冲刷、磨损作用叫侵蚀）作用，形成地面坎坷嶙峋，地下洞穴发育的特殊地貌，国际上通称喀斯特地貌。“喀斯特”一词取自前南斯拉夫西北部喀尔斯高原地名。它作为术语开始于19世纪中叶。“岩溶”地貌是中国学者取的名词。1960年2月在桂林召开的中国地质学会全国岩溶（喀斯特）学术会议上一致建议以“岩溶”代替“喀斯特”。岩溶地貌按岩性分为碳酸盐岩（即石灰岩）岩溶、石膏岩溶和盐岩岩溶。此外，白垩岩、白云岩、黄土和冰岩（冰岩指冰川冰和永久冻结区域的地下水冻结层，它们都是由千年积雪紧压而成的结晶性冰块，非常坚硬）都可形成岩溶地貌。在我国，广西桂林、云南石林的石灰岩峰林地貌，是碳酸盐岩岩溶地貌中最秀美、最显眼的。可以说，凡是有岩石能烧石灰的地方，就有可能形成碳酸盐岩岩溶地貌。北京的周口店、房山十渡、云水洞、石花洞等都是碳酸盐岩岩溶地貌。

徐霞客考察过的石灰岩岩溶地貌，分布地区很广，主要是在中国的南部，东起杭州飞来峰，西至云南西部保山市。其中自湖南南部到云南东部，面积就有55万平方千米①，比南斯拉夫的狄纳尔岩溶区和美国的阿帕拉契山南部的岩溶区大得多。他对石灰岩岩溶地貌的描述多达10余万字②，描述内容的广度和深度都是空前的。具体内容又可分为地表石灰岩岩溶和地下石灰岩岩溶两部分。

第一部分，地表石灰岩岩溶。

徐霞客对地表石灰岩岩溶的考察，取得五项成果：

第一，知道了中国南方石灰岩岩溶分布的地区范围，即西起云南罗平，东北尽于湖南道州。

第二，为地表石灰岩岩溶地貌系统定名。我们把徐霞客的定名跟现代地貌学的名称作对照，列成表2-1。

表2-1 徐霞客对地表石灰岩岩溶地貌的定名与现代地貌学名称对照表

徐霞客的定名	现代地貌学名称
石齿、石锷、石脊	石芽、石沟
井、龙井	岩溶漏斗
眢井、窞、盘洼或环洼	岩溶漏陷地形：落水洞、圆洼地、漏斗
伏流	地下河
天生桥	天然桥
石乳、乳柱、石笋、石盆、石田、石丸等	碳酸钙沉积物：石钟乳、石笋、石盆、石床等
枯涧	干谷
坞	大型溶蚀洼地
长形的坞	槽谷
石山	峰林地貌

从表2-1 可以看出，徐霞客对地表石灰岩岩溶地貌的定名已形成了系统，可以基本上与现代地貌学的定名对应，少数名称与现代地貌学的

①北京大学等合编：《地貌学》第78页，人民教育出版社1979年。

②褚绍唐：《徐霞客在岩溶地貌学上的卓越贡献》，《地理知识》1984年第3期。

名称一致。可以说现代地貌学沿用了徐霞客所定的名称。可见在石灰岩岩溶地貌学的分类命名方面，徐霞客作出了突出的贡献。

第三，知道地表石灰岩岩溶地貌有地区差异。比如云南、贵州、广西三省（区）地表石灰岩岩溶地貌的差异是：云南大多是土山，间有一些石山；广西有的全是石峰，有时石山、土山交错出现；贵州则介乎两者之间。

第四，地表石灰岩岩溶可以划分出若干不同的区域，每个区域有不同的特点。比如，他把广西地表石灰岩岩溶地貌划分为五个区域：Ⅰ.漓江谷地，多奇峰地形；Ⅱ.柳江谷地，石峰和土山相间；Ⅲ.桂东南区，石山只见于勾漏山及罗丛岩等少数地区；Ⅳ.桂西南区，石山呈峰丛状；Ⅴ.桂西北区，石山呈峰丛状零散分布。

第五，已知某些地表石灰岩岩溶地貌的成因。比如，漏陷地形是由于流水的侵蚀或溶蚀陷落崩塌而成；岩溶峡谷和落水洞是由于岩洞顶部塌落而成；石山四坡陡崖是由于石山上部崩塌，石山下部受水流侵蚀，上下夹攻而成。

第二部分，地下石灰岩岩溶。

地下石灰岩岩溶主要指石灰岩洞穴，也有其他岩性的洞穴。根据杨文衡的粗略统计，徐霞客记录的洞穴数目为357个，他亲自入洞考察306个，占86%。他是中国古代亲自入洞考察洞穴最多的地理学家，在同时期的世界地理学家中，还没有查到有人超过他。在这个领域，徐霞客可以说是“前无古人，后无来者”。

通过洞穴考察，徐霞客取得了八项成果：

第一，洞穴并不都是由石灰岩形成，也有非石灰岩形成的溶洞或洞穴，如红色砂岩地层可以形成溶洞；花岗岩山地（如黄山）也可以形成洞穴。

第二，洞穴的长度、高度、宽度、洞口朝向都是不一样的。他记载了许多洞穴的长度、高度、宽度，由此可以计算出这些洞穴的空间大小。

第三，石灰岩洞穴是有不同类型的，有水洞、干洞、暖洞、冷洞和风洞之分。

第四，石灰岩洞穴的形态结构基本上可以分为六类：Ⅰ.藤瓜式，即现在通常所说的岩溶通道，又称溶洞网，由各种大小不同的石灰岩洞穴和管道联系起来的洞穴系统；Ⅱ.楼阁式，即洞中不仅上下分层，而且前后、左右分层；Ⅲ.蹲虎式，像老虎张口蹲在地上，从虎口至虎尾为大小不同的洞穴连在一起；Ⅳ.深井式，像一口深井，井口大小不一，深则百丈；Ⅴ.厅堂式，像房屋似的，有的大如厅，有的小如堂；Ⅵ.海螺式，像海螺似的，洞穴旋转向下向上或向左向右。

第五，石灰岩洞穴中有各种各样的堆积物。徐霞客在考察石灰岩洞穴中常见的化学沉积物有石钟乳、边石、石田、石盘、石灰华、石笋、石柱、石幔、石珊瑚、石珍珠等。

第六，地下水与地表水的关系。徐霞客不仅知道石灰岩洞穴中有地下河、地下湖、洞穴瀑布等水体，而且知道地表水与地下水之间的流通关系，即地下水是地表水经过漏斗通道而来。

第七，石灰岩洞穴中不仅有水、有沉积物，还有生物。此外，洞穴的气候、音响也不一样。洞穴中常有历代人物的题刻，是洞穴考古、洞穴文化的重要内容。

第八，石灰岩洞穴和洞穴沉积物的成因探索。徐霞客对石灰岩洞穴、洞穴沉积物的成因作了探索，认为洞与涧是在水的机械侵蚀作用为主，溶蚀作用为辅的条件下形成的。而钟乳石、石盆、石柱、石笋等则是洞穴中碳酸钙溶液长期以滴水的形式滴落，水分蒸发后形成的。

由此可见，徐霞客是中国古代系统研究石灰岩岩溶地貌的第一人，是杰出的洞穴学家。他的成就比西方领先约150～200年，他是世界上最早的伟大的岩溶学家和洞穴学家。《徐霞客游记》是世界上最早的石灰岩岩溶地貌学和洞穴学著作。

（4）冰缘地貌。

徐霞客在山西五台山中台、北台顶考察时，看到一种叫“龙翻石”的大石堆，这是一种冰缘地貌——石海。其形态是“乱石数万，涌起峰头”。这是五台山顶上由于冰融作用对裸露的富有节理且硬度较大的块状基岩产生破坏作用造成的。当然，徐霞客当时还不可能作出成因解释，但冰缘地貌的形态则描述逼真。而“龙翻石”一词则含有一种动力作用成因的意思。

（5）流水地貌。

徐霞客对流水地貌的记载大致有三方面的内容：即流水侵蚀作用，流水侵蚀地貌和流水堆积地貌。他特别指出了流水侵蚀作用与河流坡降、水量大小有密切关系，这是他比前人进步的地方。

（6）火山地貌。

在我国古代，徐霞客最早对国内火山地貌作实地考察并以生动文笔进行形态描述。他考察的云南腾冲打鹰山在更新世曾发生过火山喷发。他看到的状如蜂房的红色浮石，今天在腾冲打鹰山上仍然可以捡到。他描述的打鹰山顶状如马鞍者，就是破火山口形态；而在打鹰山旁边，“如二乳之列于胸”者，则是附生的小火山。可见徐霞客对火山地貌观察很仔细，描述准确、逼真、生动。

（7）应用地貌。

徐霞客记载的应用地貌内容包括四个方面：一是地貌对气象气候的影响；二是地貌与生产的关系；三是地貌与行政区划的关系；四是地貌与居民点建筑的关系。

④ 生物知识内容。

（1）植物垂直分布界线。 在天台山，他看到山顶“荒草靡靡，山高风洌，草上结霜，高寸许”。“岭角山花盛开，顶上反不吐色，盖为高寒所勒耳”。游昆明棋盘山时，看到“顶间无高松巨木，即丛草亦不甚深茂，盖高寒之故也”。

（2）植物纬度分布界线。崇祯十二年正月初三日（1639年2月5日），他看到鸡足山上的杏花、桃花已开放，花朵繁茂。24天后，他北上丽江，发现丽江地区“杏花始残，桃犹初放”。是什么原因呢？他已认识到是“愈北而寒”。就是说，同一个时期，地理纬度高的地方比纬度低的地方气温低，所以桃、杏的开花期也晚。他还看到龙眼树的分布到广西南丹为止，而在南丹东南约90公里的德胜则甚多。由此可见，徐霞客对植物的垂直分布与纬度分布都有了一定程度的认识，他比德国地理学家洪堡（Alexander Von Humboldt，1769—1859）对此问题的认识早二百多年。

（3）动物地区分布界线。《徐霞客游记》中谈到象和牦牛的地理分布，说“盖鹤庆以北多牦牛，顺宁以南多象，南北各有一异兽，惟中隔大理一郡”。

（4）植物的种类。《徐霞客游记》所载植物总数约150余种（不包括粮食作物和蔬菜）。其中云南有62种，占41%。这一方面是由于“滇中花木皆奇”，使好奇的徐霞客多记；另一方面则是由于徐霞客在云南旅游时间长，走的地方多，因而记载多；第三，从地理环境上看，云南地形复杂，气候类型多，植物种类多，向有“天然植物园”的称号，故《徐霞客游记》所载也多。

（5）各地植被状况。徐霞客非常注意各地的植被状况，有的地方植被被人为破坏，有的地方由于保护措施得力，植被保护很好。他记载了云南南部某些地方的热带、亚热带森林植被，描述了热带、亚热带森林的基本特征。

（6）植物形态。徐霞客还非常注意描述植物的形态，植物的根、茎、叶、花、果都是他描述的内容。比如云南鸡足山的灯笼花，原产云南西部地区，是云南特有的观赏植物。直到现在，仍只有昆明、大理、腾冲等地有少量栽培。此花属于越桔科，在山野附生于树木、岩石上，具有肥大的肉质块根。块根是一种贮水组织，形态变异极大，有的像土瓜，有的呈树状分叉，有的形如萝卜，所以又名“树萝卜”。徐霞客的描述与此相符：“其树叶细如豆瓣，根大如匏瓠，花开大如山茱萸，中红而尖，蒂俱绿，似灯垂垂。余从永昌刘馆见其树，未见其花也。”

⑤ 环境保护内容。

徐霞客继承了中国古代的环境保护思想，注重环境保护，反对人为地破坏环境。具体体现在四个方面：

（1）主张天然之美，反对人工雕饰损坏。

万历四十一年（1613）四月初八日，游天台山："……岩穴为僧舍凌杂，尽掩天趣"。

崇祯九年（1636）十一月二十一日，游江西宜黄石巩："……由小路抵玉泉山下，遂历级直登，其山甚峻，屏立溪之西北，上半俱穹崖削壁，僧守原叠级凿崖，架庐峰侧一悬峰上，三面凭空，后复离大山石崖者丈许，下隔深崖峡。时庐新构，三面俱半壁，而寂不见人。余方赏其虚圆无碍，凭半壁而看后崖。久之，一人运土至，询之，曰：'僧以后壁未全，将甃而塞之也。'……为之画曰：'汝虑北风吹神像，何不以木为龛，从护置室中？而空其后壁，正可透引山色，造物之悬设此峰，与尔之缩架此屋，皆此意也。必甃而塞之，失此初心矣。'僧颔之……"

崇祯十年（1637）六月初二日，游桂林七星岩："……若去其中轩阁，则前后通映，亦穿山、月岩之类，而铺瓦叠户，令人坐其内不及知，可谓削方竹而淹断纹者矣。阁后透明之下，复垒石为垣，高与阁齐，以断出入。余讯其僧：'岩中何必叠瓦？'曰：'恐风雨斜侵，石髓下滴。''阁后何必堵墙？'曰：'恐外多山岐，内难幽栖。'又讯：'何不移阁于岩后，前虚岩为门，以通出入；后倚阁为垣，以便居守，岂不名山面目，去室襟喉，两为得之！'曰：'无钱粮。'然则岩中之结构，岩后之窒塞，又枵腹画空而就者耶？又讯：'垣外后山，从何取道？'曰：'须南自大岩庵。'"

（2）对各地绿化、美景的赞美，记各地植被环境的差异及其原因。

天启三年（1623）三月初九日，游太华山："……两岸浓桃艳李，泛光欲舞；出坐船头，不觉欲仙也！"

天启三年（1623）三月十一日，游太和山："……桃李缤纷，山花夹道，幽艳异常。十三日……满山乔木夹道，密布上下，如行绿幕中。十四日，更衣上金顶。瞻叩毕，天宇澄朗，下瞰诸峰近者鹄峙，远者罗列，诚天真奥区也。十五日……嘉木尤深密，紫翠之色，互映如图画……太和则四山环抱，百里内密树森罗，蔽日参天；至近山数十里内，则异杉老柏合三人抱者，连络山坞，盖国禁也。嵩、少之间，平麓上至绝顶，樵伐无遗，独三将军树巍然杰出耳。”

崇祯六年（1633）八日初十日，游恒山：“……一逾岭北，瞰东西峰连壁隤，翠蜚丹流；其盘空环映者，皆石也，而石又皆树；石之色一也，而神理又各分妍，树之色不一也，而错综又成合锦。石得树而嵯峨倾嵌者，幕以藻绘而愈奇，树得石而平铺倒蟠者，缘以突兀而尤古。”

崇祯九年（1636）十月十五日，游浙江衢州：“……过花椒山，两岸橘绿枫丹，令人应接不暇……又五里，为黄埠街，橘奴千树，筐篚满家，市橘之舟，鳞次河下。”

崇祯十年（1637）三月十八日，游湖南道州：“……大道两傍俱分植乔松，如南岳道中，而此更绵密。有松自下分柯五六枝，从挺竞秀，此中特见之，他所无也。自州至永明，松之夹道者七十里，栽者之功，亦不啻甘棠矣……此处山小而峭，或孤峙，或两或三，连珠骈笋，皆石骨嶙峋，草木摇扬，升降宛转，如在乱云叠浪中，令人茫然，方向莫辨。”

崇祯十年（1637）三月二十八日，游湖南九嶷山：“……山木干霄。此中山木甚大，有独木最贵，而楠木次之。又有寿木，叶扁如侧柏，亦柏之类也。巨者围四五人，高数十丈。潇源水侧渡河处，倒横一楠，大齐人眉，长三十步不止。闻二十年前，有采木之命，此岂其遗材耶！”

崇祯十一年（1638）二月十三日，游广西三里城：“……府周围乔松百余，高刺云霄，干大皆合抱。余以为数百年物。按碑，乃隆庆初年建府时所植，栽逾六十年。地气涌盛如此。又曰：三里周围石峰，中当土山尽处，风气含和，独盛于此；土膏腴懿，生物茁茂，非他处可及。参署四围乔松百余株高刺云霄，大可三人抱，余疑数百年物，考之碑记，植于隆庆初建帅府时，裁逾六十年，其巨如此，为良区异壤可知。所艺禾穑特大，恒种一郭，长倍之，性柔嘉，亦异庶土所植。”

（3）对破坏自然环境的行为表示不快、不满，有时是无奈。

崇祯九年（1636）十月初一日，游杭州灵隐寺：“……石皆嵌空玲珑，骈列三洞。洞俱透漏穿错，不作深杳之状。昔黥于杨髡之刊凿[①]，今苦于游丐之喧污。”

崇祯九年（1636）十月初十日，游浙江金华：“……岭下坞中居民，以烧石为业……十一日……山石半削，髡[②]为危壁，其下石窑柴积，纵横塞路……”

崇祯九年（1636）十月二十五日，游江西贵溪马祖岩：“……马祖岩在左崖之半，其横裂一窍，亦大约如新岩，而僧分两房，其狗窦猪栏，牛宫马栈，填塞更满……及登之，则秽臭不可响迩，皆其畜埘之所，而容身之地，面墙环堵，黑暗如狱矣。”

崇祯九年（1636）十一月十四日，游江西南丰歪排：“……歪排以上多坠峡奔崖之流，但为居民造粗纸，濯水如滓，失飞练悬珠之胜……”

崇祯十年（1637）三月十三日，游湖南永州：“……因探窟踞萼，穿云肺而剖莲房，上瞰既奇，下穿尤幻，但行人至此以为溷围[③]，污秽灵异，莫此为甚，安得司世道者一厉禁之。”

崇祯十年（1637）五月十四日，游桂林白岩洞：“……庵后又有洞甚爽，僧置牛栏猪圈于中，此中之点缀名胜者如此。”

崇祯十一年（1638）三月十二日，游广西庆远莲花庵：“……其南有石独高而巨，僧结茅于上，是为莲花庵。亦如香山寺前之梵室，但僧就峡壁间畜猪聚秽，不免唐突灵区耳。”

崇祯十一年（1638）十二月二十八日，游云南鸡足山：“……天台王十岳（士性）宪副诗偈镌壁间，而倪按院大书‘石状奇绝’四字，横镌而朱丹之。其效颦耶？黥面耶？在束身书‘石状大奇’，在袈裟书

①髡：这里是对和尚的鄙称。杨髡，即元代人连琏真加。他被授为江淮诸路释教都总统永福大师，凭借元世祖忽必烈的宠信，霸占良田，掠夺民财，盗掘陵墓，杀害平民，受人美女财物不计其数。1292年在呼猿洞造像三尊。

②髡：这里指古代剃去头发的刑罚。

③溷围：厕所。

‘石状又奇’，在兜率峡口书‘石状始奇’。凡四处，各换一字。山灵何罪而受此耶？”

（4）环境变迁。

崇祯九年（1636）九月二十四日，游上海佘山①：“……先过一坏圃，则八年前中秋歌舞之地，所谓施子野之别墅也。是年，子野绣圃徵歌甫就，眉公同余过访，极其妖艳。不三年，余同长卿过，复寻其胜，则人亡琴在，已有易主之感（已售兵郎②王念生）。而今则断榭零垣，三顿而三改其观，沧桑之变如此。”

崇祯十年（1637）五月初四日，游桂林隐山六洞：“……闻昔唐、宋时西江之水，东潆榕树门，其山汇于巨浸中，是名西湖。其诸记游者俱云‘乘舟载酒而入’，今则西江南下，湖变成田，沧桑之感有余，荡漾之观不足矣。”

崇祯十年（1637）六月初五日，游桂林王知府山：“……（王知府山）其西有林木，回丛在平畴间，阳江西环之，指为王知府园。而沧桑已更，山峦是而村社非，竟不悉王知府为何代何名也。”

⑥ 地名学内容。

《徐霞客游记》中记载了许多地名学的内容，对研究地名的产生和变迁提供了可靠的资料。所载大小地名，多达万条以上。对类别不同的各种地名，或进行解释，或述其渊源，别其同异，正其讹误，或考定地望。在地理沿革方面，有的叙述周详，足以补充“正史”地理志的不足。

《徐霞客游记》中的地名类型，有通名与专名两大类。

通名方面，徐霞客厘定了一些岩溶地貌名称，如阱、盘壑、眢井、盘洼、天池、伏流、天生桥等。

专名方面，有以下十种类型：

（1）以形象命名。如“柳郡三面临江，故曰壶城”。

①佘山：在上海市松江县北隅。
②兵郎：即兵部侍郎。

（2）以色彩命名。如云南广西府的西峰，“横若翠焉，即名翠屏”。贵州的白水河（今黄果树瀑布），“满溪皆如白鹭群飞，白水之名不诬矣”。

（3）以植物命名。如湖南永州西山，明代时产芝，改名芝山。云南顺宁蒙化间的桫松哨，“以岭有桫松树最大，故名”。

（4）以动物命名。如大理蝴蝶泉，邓川鸟吊山。滇池金钱泉因金钱鱼得名。

（5）以方位命名。如桂林的西湖、粤西、滇南、南京、北京等。

（6）以数字名命。如广西三里城，云南富民县的头村、二村、三村，福建的九漈、九曲溪等。

（7）以矿产、手工业命名。如云南保山玛瑙山、腾冲硫磺塘，南丹的打锡关，大理石户村等。

（8）以姓氏命名。如雁荡山章家楼，江西乐安曾田，云南寻甸的潘所、金所、魏所，贵州的关索岭等。

（9）以史事命名。如云南晋宁、嵩明等①。

（10）以水温命名。如冷泉、温泉、热泉、沸泉等。

⑦ 人文地理内容

（1）工业。

《徐霞客游记》中记载有造纸、采矿、炼硝、藤竹业、粮食加工等矿业和手工业。采矿业中，涉及煤、锡、银、金、铜、铅、硝、盐、雄黄、硫磺、玛瑙、大理石、页岩等矿物岩石的开采。所记的地点即反映了当时手工业和矿业的地理分布。这些资料既是手工业史和矿业史的宝贵资料，也为当代矿产勘探提供了线索。

（2）农业。

《徐霞客游记》记载的农业生产包括农作物的种类、优良品种、土地利用、耕作制度、各地特产等。比如所记丽江耕作制度是：“其地田

①徐兆奎：《徐霞客在地名研究方面的重要贡献》，《地名知识》1985年第1期。

亩，三年种禾一番，本年种禾，次年种豆菜之类，第三年则停而不种。又次年，乃复种禾。”这是一种轮耕制度，让土地休闲一年，自然恢复地力。

（3）商业贸易。

《徐霞客游记》中记载了当时各地的贸易交流，集市村镇，商贾活动和物价等情况。各地的集市名称不一，比如“贵州为场，云南为街子，广西为墟”。至今仍是这样称呼。徐霞客对大理街子的情况是这样写的：“时男女杂沓，交臂不辨，乃遍行场市……观场中诸物，多药，多毡布及铜器木具。”

《徐霞客游记》不仅记载国内的集市贸易，还记载了边境地区的贸易情况。在云南洱源县铁甲场，“其村氓惯走缅甸，皆多彝货，以孩儿茶点飧客，茶色若胭脂而无味”。

（4）交通运输。

《徐霞客游记》中记载的交通运输状况，除对各地水路航运和陆路骡马驼运有不少记述外，最有特色的是云南、贵州的象队和牦牛运输。此外，就是横跨大河两岸的各种桥，如人造的石拱桥、藤桥、铁锁（索）桥等。还有天然的天生桥。以贵州盘江铁索桥为例，《徐霞客游记》写道：“桥以铁索，东西属两崖上为经，以木板横铺之为纬。东西两崖，相距不十五丈，而高且三十丈，水奔腾于下，其深又不可测。初以舟渡，多漂溺之患，垒石为桥，亦多不能成。崇祯四年，今布政朱家民，时为廉宪，命普安游击李芳先，以大铁链维两崖，链数十条，铺板两重，其厚仅八寸，阔八尺余；望之飘渺，然践之则屹然不动，日过牛马千百群，皆负重而趋者。桥两旁，又高维铁练为栏，复以细练经纬为纹。两崖之端，各有石狮二座，高三四尺，栏练俱自狮口出。”可见此桥对当地的交通运输是何等的重要。

（5）民族与风俗[①]。

---

①唐锡仁，杨文衡：《徐霞客及其游记研究》第三章，中国社会科学出版社1987年。

徐霞客游过的地方，居住着瑶、壮、苗、布依、仡佬、彝、纳西、白、回、傣等少数民族。他对这些少数民族的衣食住行、生产情况、风俗习惯、民族语言等都作了记录。《徐霞客游记》中还记载了茶山彝、傈僳、古宗、吐蕃等族。这些记载是研究民族历史的宝贵资料。

民族风俗方面，《徐霞客游记》中主要是记载了西南少数民族的风俗。比如说贵州苗族的习俗是不送客，可霞客不知，“求苗子送出平坝，不及三十里，索价甚贵，已而竟遁去不肯出”，为什么呢？“盖苗习素不送客。予求之他苗，其人曰：‘彼好意宿汝，奈何以担累之。须自负去。二三里抵九家堡，即有送者。’遍求之，其语皆然。余无可奈何，饭而束担，与顾仆共抬而前行”。由此看出，徐霞客很尊重少数民族的风俗习惯。

游广西三里城时，徐霞客专门记了一条风俗：“正月初五起，十五止，男女答歌曰‘打跋’，或曰‘打卜’。举国若狂。”

在云南安宁县，徐霞客见有两个女郎，辫发双垂肩后，则写道：“此间幼童女，辫发一条垂脑后。女郎及男之长者，辫发两条垂左右耳旁；女仍用包髻，男仍用巾帽冠其上。若㑩㑩则辫发一条，周环于脑额，若箍其首者。又有男子未冠者，从后脑下另挽一小鬏若螺，缀于后焉。”这当然也是当地的风俗所致。

还有的地方，如昆明、江西武功山，一般村民家里不接纳游客，特别是过春节时不接客，这也是一种风俗。这种风俗曾给徐霞客带来住宿的困难。

（6）城市地理。

比如江西玉山县城，他说：“城中荒落殊甚，而西城外市肆聚焉，以下水之埠在也。”广信“郡城横带溪北，雉堞不甚雄峻，而城外居市遥控，亦山城之大聚落也。”湖南耒阳“虽有城，而居市荒寂，衙廨颓陋”。祁阳“东门外大街与㴩江之市阛阓连络，市肆充牣，且多高门大第，可与衡郡（衡阳）比隆。第城中寥寂，若只就东城外观，可称岩邑”。类似的记载还有很多，把各地城市的特点讲清楚了。

《徐霞客游记》在地理学上的这些成就是超时代的，在当时来说没有人理解，没有人解读。加之徐霞客本人从云南旅游回家后，不久便病逝，他不可能亲自解读自己的作品，更不可能授徒传艺；就是他的儿子们也来不及向父亲请教诸多地理学问题，更何况儿子们并不是跟他走同一条学问之路。社会、政府在当时并不重视科学，也不重视科学教育。各地所办的学校、书院都是为科举服务，为培养封建官吏服务，与科学毫不沾边。在这种大背景下，徐霞客千辛万苦所开辟的近代地理学的萌芽，无人继承，成了绝学。当时知识分子对《徐霞客游记》在地理学上的理解，仅限于纠地志舆图之谬，补地理文献之缺。或者称它“订补桑《经》（桑钦所撰《水经》）、郦《注》（郦道元为桑钦所撰《水经》作注，名《水经注》）及汉（朝）、宋（朝）诸儒疏解《禹贡》所未及”。这种理解在今天看来，只看到《徐霞客游记》的表面，根本没有触及到《徐霞客游记》的地理科学内核。徐霞客逝世287年以后，受过近代地理科学训练的丁文江，才第一个以近代地理学的眼光来研究《徐霞客游记》。接着又有竺可桢、侯仁之、任美锷等一批近现代地理学家来研究徐霞客的地理学成就，这才真正揭开了《徐霞客游记》的地理科学内容，人们才惊呼《徐霞客游记》不仅是一部伟大的游记文学经典，也是一部伟大的中国近代地理科学经典。它是中国近代第一部最全面的地理科学著作。

（三）《徐霞客游记》是历史实录与导游书

《徐霞客游记》中记录的社会真实状况，是国史、邸报不可能反映的。因此，《徐霞客游记》是一部实录性质的历史著作，是后人认识明朝末年社会状况最直接的信史。所记内容十分广泛，如农业，手工业，商业，民族，政治，统治阶级内部的矛盾斗争和腐朽生活，广大人民群众的生活，农民起义，宗教，文物，盗贼等。而他的学术札记《随笔二则》，以及独立成篇的著作《永昌志略》《近腾诸彝说略》《丽江纪略》《法王缘起》等都是他史学研究的成果。

徐霞客研究历史的特点是：第一，他把别人忽略的事件作详细记载，把研究重点放在史籍记载疏略的西南边疆，从而为边疆史料的缺略作了填补。第二，徐霞客对史事的关注和发掘，详近略远，把记载和研究的重点放在明代后期。第三，徐霞客善于把地理和历史结合起来进行研究，巧妙地把史事和环境融为一体，构织成文，使之相得益彰。第四，徐霞客详于土司统治区史事的搜集和研究，从而保留了一批正史和地方志所没有的土司资料。第五，徐霞客详于中外关系史事的搜集和整理，是探究古代中越、中缅关系史所必读的文献①。

《徐霞客游记》写的都是作者亲身经历的地方，因此描述准确、真实、生动。它对每个风景区的位置、特点，各风景点的分布、地形变化、交通路线、游程安排等都详细记录，既引人入胜，又真实可靠，便于后人搜寻他的畅游足迹。它不仅导游风景名胜，还给读者提供有关的历史背景、文物古迹、传说故事、风情习俗等情况，使读者对景区的了解更全面、深刻、充实、丰富。

在中国古代旅行家中，徐霞客所记录的风景点是最多的，对全国尤其是西南地区的名山幽洞，旅游探险最全者也首推徐霞客。西南各省边远地区的许多胜景连地方志都未提及，是徐霞客第一次把它们全面地公诸于世，且品评级别，指出了它们的风景特点。

徐霞客在旅游过程中走过无数的弯路和错路，有的地方三误三返才找到。因此，他深感有一个理想的向导很重要。《徐霞客游记》就是他有鉴于此而献给后人的一部导游指南。它对景区、景点的介绍和评价，让后人能准确地选择旅游目的地，并能在特殊的角度、特殊的季节欣赏到最佳的景观效果②。

---

①朱惠荣：《徐霞客与〈徐霞客游记〉》第39~52页，中华书局2003年。
②朱惠荣：《徐霞客与〈徐霞客游记〉》第22~23页，中华书局2003年。

三、奇书的社会地位

（一）《徐霞客游记》在中国文学史上的地位

《徐霞客游记》是一部以日记体纪实文学形成的科学巨著[①]，是一部文学杰作。现存洋洋60万字，为古今游记之最，盖世无双。它是古代山水文学的集大成者，犹如一幅万里江山的山水长卷，展现了一个绚丽多彩的艺术世界。迄今为止，在中国文坛上还是空前绝后的[②]。它综合前代游记成果，开导了近代文学精神，在中国游记文学史上起着承前启后的作用，占有着重要的地位[③]。徐霞客是一位散文大师，《徐霞客游记》是一部不朽的文学作品，在明末小品文盛行的潮流中独具一格，成为古代山水文学发展史上的重要里程碑[④]。然而迄今为止，各大文学史上有关明末散文的章节对《徐霞客游记》少有论及，这似乎有失公允。

（二）《徐霞客游记》在科学史和世界文化史上的地位

《徐霞客游记》中有关自然地理的论述，超过了前人，有了新贡献。比如岩溶地貌、水文知识、植物与环境、地形与气候的关系、环境保护等。其中岩溶地貌的论述，不仅在中国属第一，在世界也属第一，领先当时世界水平约200年。他是我国自然地理研究中一位杰出的承上

---

①石在：《<徐霞客游记>的文学魅力》，《徐霞客研究》第2辑第56页，学苑出版社1998年。

②曹立波：《论徐霞客的山水观》，《徐霞客研究》第14辑第74页，学苑出版社2006年。

③（韩国）裴永信：《<徐霞客游记>在游记文学史上的地位》，《徐霞客研究》第9辑第153页，学苑出版社2002年。

④盛祖宏：《97中国江阴徐霞客学术研讨会——从文学角度探讨<徐霞客游记>的文学价值》，《徐霞客研究》第2辑第180页，学苑出版社1998年。

启下、继往开来的科学家和开拓者。他开辟了我国系统观察自然、研究自然的新方向。他是我国古代杰出的岩溶洞穴学家，对我国岩溶洞穴的研究，其贡献是空前的、无与伦比的①。徐霞客在地理学上重视实地考察，并运用分析、对比等方法，对各种自然科学现象以科学的定名并探寻其形成的原因，指出各种地理现象的区域差异性，找寻地理现象的相互联系和发展变化的规律。他的地理学的方法已同单纯记述式的地志有明显的不同，这种方法在欧洲直至18、19世纪才开始运用，因而他的地理学观点要早于欧洲一二百年，是我国近代地理学的曙光②。

已故著名徐学专家褚绍唐先生，经过中外对比研究后指出："《徐霞客游记》篇幅之巨，不仅超出了我国古代《佛国记》《大唐西域记》《吴船录》等书；也超出欧洲的《东方见闻录》（后来译成《马可·波罗游记》），《白图泰游记》《亚洲腹地旅行记》《新大陆考察记》等书。因而，《徐霞客游记》实是世界篇幅最大的游记著作……《徐霞客游记》不仅篇幅巨大，而且在国内的游程也最广，游历的时间前后长达34年，所跨年期也超过目前已知的世界各国著名旅行家。特别是《徐霞客游记》的内容十分丰富，科学见解精辟，也超越时代。""它不仅是一部文辞灿烂的旅游文学记述，也是一部地理巨著。又是反映明末时期社会生活的'百科全书'。"③

由此我们可以自豪地说，徐霞客不仅是属于中国的，也是属于全世界的，是世界的徐霞客。他在世界科学文化史上占有重要的一席之地④。

①杨文衡：《徐霞客在中国地理学史上的地位》，《纪念徐霞客诞辰四百周年文集》第43页，中国科学院地理所1987年。

②褚绍唐：《徐霞客在国土考察及地理学上的主要贡献》，《自然科学》1988年。

③褚绍唐：《徐学研究要有开拓创新精神——〈徐学概论〉序二》，《徐霞客研究》第6辑第24~29页，学苑出版社2000年。

④这是沈祖祥教授的话，引自汤家厚：《〈徐霞客游记〉的西传及其在世界科学文化史上的地位》，《徐霞客研究》第15辑第92页，学苑出版社2007年。

第三章

奇人奇书对后人的影响

一、 徐霞客及其游记的外传

（一）欧洲

最早用《徐霞客游记》中的资料来绘地图的人是意大利的传教士卫匡国（P. Martinus Martini S.J.），他于霞客逝世后第二年进入中国。清朝顺治十二年（1655），他在阿姆斯特丹出版《中国新图志》。该书一部分内容的写作曾参考《徐霞客游记》[①]。根据高泳源的研究，卫匡国参考《徐霞客游记》的内容主要是《江源考》和《盘江考》[②]，并把《徐霞客游记》带到了欧洲。

18世纪初，法国传教士韩国英（Pierer-Marrai cibor 1727—1780）把《康熙几暇格物编》译成法文。此书中有康熙给予徐霞客《溯江纪源》（即《江源考》）一文很高评价的文章《江源》。这是徐霞客著作最早被译成法文传到欧洲[③]。

20世纪50年代，英国皇家科学院院士李约瑟（Joseph Needham1900—1995）博士陆续出版了多卷本《中国科学技术史》，在第一卷、第三卷和第五卷中，高度评价了徐霞客及其游记，说他是“最卓越的旅行家”“写游记的名家”“二十世纪的野外勘测家”。这些评价在世界科学文化界产生了广泛的影响。

---

①方豪：《徐霞客与西洋教士关系之初步研究》，《徐霞客研究古今集成》第383页，中国书籍出版社2004年。

②高泳源：《卫匡国（马尔帝尼）的<中国新图志>》，《自然科学史研究》第1卷第4期，科学出版社1982年。

③汤家厚：《<徐霞客游记>的西传及其在世界科学文化史上的地位》，《徐霞客研究》第15辑第82页，学苑出版社2007年。

从2000年开始，英国爱丁堡大学中文系教授朱利安•沃德（Julian•Ward，中文名汪居廉）计划把《徐霞客游记》及各种序言翻译成英文，让英国和全世界的人更多地了解徐霞客。我们热烈欢迎并期待着世界上第一部英译全文《徐霞客游记》的问世[①]。2001年底，他的《徐霞客游记的写作艺术》一书在伦敦出版，书中的序言已由任小玫女士译成中文，刊登在《徐霞客研究》第13辑。

德国汉学家曼妮•艾思特（Malioil • Eggent）曾用德语翻译出版《中国明代游记选》，又用英文翻译出版《中国古代游记选》。这两部游记选集里，都选编了《徐霞客游记》中的精彩篇章，但数量很少[②]。

1989—1992年期间，法国巴黎的汉学家雅克•达（中文名谭霞客）教授用法文翻译出版了388页的《徐霞客游记》（选本）。从此，徐霞客及其游记走进了法语世界广大读者之中。

1993年上半年，法文刊物《喀斯特研究》第21期上，发表了由杨文衡撰写、旅法华人蔡宗夏翻译、该刊常务副主编R • Maire先生三人署名的文章：《徐霞客——伟大的中国古代地理学家及其在喀斯特地貌研究上的贡献》，全面地向法语世界广大读者介绍了徐霞客及其游记，介绍了他在地理学科学，尤其是在喀斯特研究上的杰出成就。两年后，R • Maire先生又将此文改写，仍以三人署名，发表在《欧洲时报》主办的《丝绸之路》杂志（1995年第87～88两期连载）。

（二）美国

1958年美籍华人地理学家、美国匹兹堡大学地理系教授谢觉民，在美国《国家地理学家协会年刊》上发表《徐霞客——中国现代地理学的先驱》，全面评价了徐霞客取得的成就，称赞《徐霞客游记》为“科学文献”和“旅游文献”的经典之作，引起美国学术界广泛关注。

①汤家厚：《国外研究徐霞客及其游记的发展趋势》，《徐霞客研究》第9辑第221页，学苑出版社2002年。

②同①，第143页。

1974年，香港中文大学出版了美籍华人、美国密西根大学教授李祁（Li Chi）于1953—1954年编译的《徐霞客游记》选本，只有十四章名山游记[①]。其所用底本是1928年商务印书馆出版的《徐霞客游记》，正文后面有一个《附录》，实际上是密西根大学教授张春树（Zhang Chun-shu）所写的一篇文章《徐霞客（1586—1641）》。卷首有一篇李祁的《序言》，正文前还有两篇专题文章：一篇是《中国人的自然之爱》，作者是亨利·G·施瓦茨（Henry·G·Schwarz）。因为他发表过《自然之爱：徐霞客和他的早期旅行》；另一篇是《徐霞客生平》，作者李祁，已由曾俊伟先生译成中文，刊登在《徐霞客研究》1999年第5辑。李祁编译的这部《徐霞客游记》，虽然是选本，但附加了她的许多研究成果。该选本让美国读者了解徐霞客其人、其事、其书，对于东西方文化交流，都是很有价值的[②]。

美国西华盛顿州立大学东亚研究所出版的不定期刊物《时文选编》1971年第3期中，发表了亨利·G·施瓦茨编写的《自然之爱：徐霞客和他的早期旅行》。这篇文章很长，从徐霞客的旅行说起，论及中国人的自然之爱，议论的范围十分广泛，把中国人的自然之爱，从哲学和宗教诸方面进行推本溯源[③]。此文已由曾俊伟先生译成中文（稍有删节），发表在《徐霞客研究》第7辑。

1986年美国印地安纳出版社出版的倪豪士主编的英文辞书《中国传统文学手册指南》中，从游记文学角度全面评介了徐霞客及其游记的成就。

1994年美国加州大学出版了宣立敦（Richard E·Strassburg）教授的《卧游：中华帝国的游记散文》，其中介绍了徐霞客的事迹。这些内容已由任小玫女士译成中文，发表在《徐霞客研究》第17辑。

---

①汤家厚：《让世界更多地了解徐霞客——英国爱丁堡大学中文系教授朱利安·沃德一席谈》，《徐霞客研究》第7辑第156页，学苑出版社2001年。

②③陈桥驿：《评介英文本〈徐霞客游记〉》，《徐霞客研究》第3辑第23页，学苑出版社1998年。

（三）其他国家

韩国高丽大学外国语大学讲师裴永信女博士，在汉城外国语大学学习汉文时，就把《徐霞客游记》中的《游黄山日记》和《游黄山日记》（后）译成韩文。她的博士论文也是关于徐霞客及其游记的内容。她还打算把《徐霞客游记》全部译成韩文。2000年8月，她又为江苏南京徐霞客国际学术研讨会写了《论徐霞客游记的文学成就》的论文。她的文章《〈徐霞客游记〉在游记文学史上的地位》，刊登在《徐霞客研究》第9辑；《徐霞客的社会观》刊登在《徐霞客研究》第12辑。

韩国高丽大学文学博士卢圭嗥教授，在《韩中山水游记的传统》中，以较多的篇幅介绍了徐霞客的11篇名山游记。

《徐霞客游记》也在新加坡传播。在该国中学语文课本上选有《徐霞客游记》中的《游黄山日记》。

在澳大利亚，悉尼的华人画家吴棣用连环画的形式，以“《徐霞客与〈徐霞客游记〉》”为题，在当地华文《东华时报》上，向读者介绍徐霞客及其游记。2001年8月30日，澳大利亚华文《大洋报》发表中国徐霞客研究会副秘书长曾俊伟的文章《千古奇人、中华精英——纪念徐霞客逝世360周年》[①]。

新西兰的奥克兰大学出版了一部分汉文的《徐霞客游记》研究论文，比如唐锡仁、杨文衡先生的《徐霞客及其游记研究》，朱惠荣先生的《徐霞客与〈徐霞客游记〉》[②]。

①汤家厚：《国外研究徐霞客及其游记的发展趋势》，《徐霞客研究》第9辑第217页，学苑出版社2002年。

②朱惠荣：《徐学研究领域的新扩展》，《徐霞客研究》第12辑第35页，学苑出版社2005年。

二、徐霞客精神对现代社会的影响

（一）徐霞客精神的内容

徐霞客精神有哪些内容呢？这个问题随着时代的不同而有些差异，因为认识有个发展过程。

明末清初，钱谦益在《嘱徐仲昭刻游记书》中就提出："不唯霞客精神不磨，天壤间亦不可无此书也。"明确提出"霞客精神"，但没有具体内容。

清代嘉庆十三年（公元1808年）叶廷甲序云："霞客之精神面目，更可传播于宇内也。"还是没有具体内容。

1959年4月5日，毛泽东说："我很想学徐霞客。"①

1985年10月5日，李先念为纪念徐霞客诞辰400周年题词："热爱祖国，献身科学，尊重实践。"这是号召全国人民学习徐霞客的三项主要精神。

1997年1月任美锷院士撰文指出："丁文江最早提出学习徐霞客精神，目的是勉励青年人振奋精神，刻苦努力，专心致志，去作艰苦工作。"而竺可桢则高度颂扬徐霞客的"求知精神"。任美锷院士提出了徐霞客精神的四项具体内容：1.爱国主义精神；2.为科学工作不畏艰险，坚韧不拔的精神；3.实事求是的求是精神；4.坚持真理，不迷信权威的精神。他并就每一项内容展开论述②。如此详细地对徐霞客精神进行论述，这是第一次。

1997年7月9日，中国徐霞客研究会会长江牧岳在工作报告中指出："徐霞客在长期旅游考察中表现出来的艰苦奋斗精神，坚韧不拔、勇于

①陈晋：《毛泽东读书笔记解析》第1124页，广东人民出版社1996年。

②任美锷：《发扬徐霞客精神，推进社会主义精神文明建设》，《徐霞客研究》第3辑第1~7页，学苑出版社1998年。

开拓的精神，实事求是、尊重实践的精神，对事业执着追求、不顾个人安危的献身精神，特别是他热爱祖国锦绣山河的爱国主义精神，是他留给后人的一份十分珍贵的精神财富。”①

2000年5月9日，中国徐霞客研究会会长张宏仁提出：“徐霞客热爱祖国、献身科学、尊重实践的精神，在长期旅行考察中表现出来的不怕苦、不畏死、勇于实践、勇于开拓、务实求真、艰苦奋斗、坚韧不拔的精神，包括侍母孝、对友诚的品德，也是我们今天建设社会主义祖国所必须具备的，应该继承和发扬的。他的这些精神和思想品德体现了中华民族精神，代表了中华优秀传统文化。”②

2007年11月，温家宝总理指出：“《徐霞客游记》对人类文化的贡献，在于运用他人文精神的大文字与科学精神的真文字，将华夏民族赖以生存的山川大地予以逼真的描画：无论在人与自然，人与社会，人的自我意识方面，完成了他开拓性的全方位生态探讨与审美观照。”“我由衷希望新世纪中的徐学研究，在传承与开发中取得更具深刻启悟、更能促进保护资源、环境和生态的作用。”③

2007年，刘汉俊在纪念徐霞客的文章中提出：“科学精神是徐霞客精神的精髓；实践精神是徐霞客精神的基础；奋斗精神是徐霞客精神的特征；批判精神是徐霞客精神的品质；创新精神是徐霞客精神的灵魂；和谐精神是徐霞客精神的内核；人文精神是徐霞客精神的光辉。”④应该说，这是对徐霞客精神的一个比较完整的总结。徐霞客的七大精神值得后人好好学习。

---

①江牧岳：《群策群力，开拓前进》，《徐霞客研究》第2辑第5~17页，学苑出版社1998年。

②张宏仁：《弘扬徐霞客精神，关怀青少年健康成长》，《徐霞客研究》第7辑第12~14页，学苑出版社2001年。

③温家宝：《贺信》，《徐霞客研究》第16辑第1页，地质出版社2008年。

④刘汉俊：《公元1607年的背影——徐霞客科考出发400年祭》，《徐霞客研究》第16辑第41~64页，地质出版社2008年。

（二）徐霞客精神对现代旅游者的影响

徐霞客旅游追求五个目标：一是性灵游；二是躯命游；三是使命游；四是新知游；五是生态游。这五大目标中，一、四、五三项适合广大民众去追求。二、三两项适合某些专业科学工作者去追求。我们提倡的是在旅游中学习徐霞客的精神，在新时代旅游事业中作出新的成就。

对现代旅游者来说，徐霞客的影响是广泛的、多方面的。比如郑建军单人单车祖国边疆万里行；记者重走玄奘路；凤凰卫视的千禧之旅、欧洲之旅和两极之旅；唐师曾单车走西部；女游侠廖佳自驾车旅行，横穿欧亚大陆。

还有一些人只是适当利用现代化交通工具，偏爱徒步旅行。他们学习徐霞客，不仅徒步游中国，而且徒步游世界。坚持边走边写旅游日记，野外露营。比如被人称为当代徐霞客的邹玉麟，完成了跨世纪1998—2000年中国人环球徒步采风行。1998年9月4日他从深圳出发，徒步旅行香港、蒙古、韩国、加拿大、美国、法国、俄罗斯。他一天走120里，自背行囊，写下了10余万字的日记，拍了40多卷照片。

另一位80多岁的当代徐霞客王建勋，骑自行车游全国，历经10年，行程10.1万公里，足迹遍及长城内外、大江南北30个省、市、自治区。

探险家余纯顺，曾四渡长江，九过黄河，独闯青藏高原无人区，徒步行程4.2万公里。1996年6月在穿越号称“死亡之海”的新疆罗布泊时，不幸遇难。他可以说是徐霞客旅游所追求的第二个目标的忠实实践者。

余纯顺死后，其父余金山1998年以70岁高龄徒步走中国，白天跋山涉水，夜宿野外，仍坚持写日记，整理资料。他行数万公里，写了数十万字的旅游日记，还拍了大量资料照片，为后人留下了宝贵的精神财富。

浙江省新昌县有一对78岁的老夫妻吕平、竺君平，从1986年开始，连续14年每年外出自费游1个月左右，历程达10万公里，拍照1000多幅，写成20多万字的旅游日记，并整理出版了《畅游神州》一书。乡人昵称他们为霞客夫妻。他们步霞客的后尘，不仅是把旅游作为晚年乐趣，而且为后人留下了宝贵的精神财富。

2006年3月17日至5月18日，由浙江“第四届中国（宁海）徐霞客开游节”组委会、中国青年报社、旅游卫视联合主办了“首届十大当代徐霞客评选活动”，评选了管祥麟、黄进、张继民、吉吉（藏族，女）、刘建、周薇、高曙军、曹铨、肖慧莹、仲一、钟文芳等人为“当代徐霞客”①。

上述事例说明，徐霞客对当代旅游者有重要启示和影响。未来的旅游不仅是祖国山川游，更是世界游，还要去海洋、极地、太空、宇宙游，旅游者的脚步会越跨越远、越游越新。他们肯定会超过徐霞客，这是历史发展的必然②。

（三）徐霞客精神对中国现代旅游业的影响

中国共产党第十一届三中全会提出了“改革开放，发展经济”的政策。在这个政策推动下，中国旅游业蓬勃发展。徐霞客精神在中国旅游业的发展中，起了非常好的促进作用。

1991年10月在桂林召开纪念徐霞客逝世350周年国际学术讨论会时，代表们开始把《徐霞客游记》与当时的旅游业联系起来。比如：谈到了徐霞客楚游与湘南风光资源及其开发；《楚游日记》与湖南旅游资源及其开发设想等。

1991年在江阴举行了第一届“江阴徐霞客文化旅游节”，把研究徐霞客的学术活动与当地的旅游文化产业结合起来，充分挖掘和利用徐霞

①边钟：《纪念徐霞客，弘扬徐霞客精神》，《徐霞客研究》第14辑第243~244页，学苑出版社2006年。

②杨文衡：《徐霞客旅游对当代旅游者的启示和影响》，《徐霞客研究》第11辑第35~38页，学苑出版社2004年。

客及其游记的资源，推进了江阴旅游业的大发展。

此后，相继开展了“94中国云南徐霞客旅游文化活动暨学术讨论会”，“雁荡山徐霞客旅游文化活动”（1996年5月），“武夷山徐霞客文化旅游节”（1996年10月），“金华、兰溪徐霞客旅游文化研讨会”（1997年6月）、“台州天台山徐霞客旅游文化研讨会”（1998年5月），“（贵州盘县）徐霞客旅游文化活动暨学术研讨会”（1998年9月），“衢州—江山徐霞客旅游文化研讨会”（1999年10月），“舟山徐霞客旅游文化研讨会”（2001年10月），“徐霞客与越文化暨中国绍兴旅游文化研讨会”（2003年11月），“徐霞客与丽江学术研讨会”（2004年10月）等。其中“江阴徐霞客文化旅游节”已连续举行了9届，首屈一指。2007年4月23日，当年徐霞客走过的部分城市，如无锡、南京、徐州、南通、宿迁、宁波、绍兴、湖州、衢州、台州、舟山、黄山、池州、丽江、郑州、泉州、鹰潭、洛阳、泰安、大同、昆明、桂林、宁海、将乐、江阴等25个城市的代表，在无锡共同发起并组建成立了《中国旅游霞客联盟》，打响霞客品牌，加快建设旅游强国（市）的步伐，提高旅游的核心竞争力。这些城市携手组合包装以“霞客”为招牌的旅游产品，携手推广以“霞客”为特色的旅游城市形象，构建中国新的跨区域旅游合作的平台和品牌①。这些活动对促进当地乃至全国的旅游业发展起了积极的推动作用。

（四）徐霞客精神对青少年的影响

中国徐霞客研究会从筹备成立那天开始，就提出要把徐霞客的精神和事迹在青少年当中广泛宣传，促进他们学习徐霞客，做创新型的人才。

1983年12月18日，无锡市旅游职业学校的前身惠山中学，成立了“徐霞客研究小队”。小队通过开展各种活动，使队员兴趣广泛，知识

---

①《“中国旅游霞客联盟”宣言》，《徐霞客研究》第15辑第222页，学苑出版社2007年。

面广，智力得到开发，能力得到锻炼提高。队员严建伟写的《洞庭西山踏勘记》获得无锡市优秀科技小论文奖；马晓春（女）成为江苏省“优秀少年”；程宏祥成为无锡市一中的团委书记；浦巍成了青年企业家、中国徐霞客研究会最年轻的会员[①]，他还发表了两部徐学著作：《徐霞客游踪记述》和《中华游圣徐霞客》，得到徐学界同仁的称赞。可见，在青少年中宣传徐霞客精神是值得推广的一项课内课外活动。此后，中国徐霞客研究会与各地徐学会和当地有关部门联合，先后在江阴、昆明、盘县等地命名了好几所徐霞客小学和中学，北京师大附属实验中学成立了徐霞客研究小组，北京市第171中学成立了徐霞客中队，北京市育英学校成立徐霞客小队。这些学校因地制宜地开展了多种形式的宣传徐霞客精神的公益活动，成为当地爱国主义教育基地，对提高青少年素质起到了良好的作用。

三、“徐学”与徐霞客研究会

（一）“徐学”简介

1983年春在无锡召开的“纪念徐霞客诞辰400周年筹备会”上，杭州大学教授陈桥驿先生首次提出“徐学”一词，后被学术界认同并予以采用。

1985年初，陈桥驿先生在《郦道元与徐霞客》一文中，对“徐学”的内涵作了说明：“（徐霞客）《游记》内容丰富，包罗广泛，我们从各个角度对它进行研究，完全有条件形成一门‘徐学’。” 陈先生在

①吴寿鑫：《锲而不舍，魅力无穷——“徐霞客研究小队”之路》，《徐霞客研究》第8辑第188页，学苑出版社2001年。

《论徐学研究及其发展》中指出："徐学是一门内容广泛的学问，它既涉及自然科学，也涉及人文科学，诸如地理学、地质学、民族学、科学史、文学等。"[①]1999年，在《关于"徐学"的兴起与当前研究》[②]一文中又指出："徐霞客其人和《徐霞客游记》其书，是徐学研究的基础。""扩大视野是发展徐学研究，提高研究水平和成果质量的必要途径。"

1998年5月20日，任美锷先生指出："徐学是一门新兴的学问，是研究明末伟大地理学家、旅行家、文学家和爱国主义者徐霞客及其《游记》的一门学问。"[③]

1999年1月19日，云南大学历史系教授朱惠荣先生在与韩国高丽大学裴永信女士谈话时指出："近年来，徐学的研究扩大到了经济、民俗、宗教等方面，学者公认徐霞客既是自然科学家，又是社会科学家，对《徐霞客游记》的研究早已不局限于地理学方面。但文学方面这个老课题的研究显得滞后了。从80年代起，徐学研究活动频繁。1993年'中国徐霞客研究会'成立后，研究进入了组织有序的阶段。江阴、云南、浙江、江苏、福建、贵州等地相继成立了'徐霞客研究会'，有计划地一个省一个省、一个地区一个地区地研究，使得徐霞客研究不断深入，从学术领域走向社会，形成'徐学'。"[④]"徐学研究的领域，原来主要是文学、地理学、旅游、历史文献这几大块……如今又有徐霞客的创新精神、科学精神、环境文化观、人才思想、人类学贡献等。"[⑤]

1998年周振鹤先生在文章中指出："我们研究徐霞客，其意义并不单在研究其个人，而是在研究中国地理学发展的一座里程碑，以全面理解中国地理学发展的历程，以有助于推动今天地理学的更快进步。"

---

①陈桥驿：《编写"徐学"教材刍议》，《徐霞客研究》第1辑第18页，学苑出版社1997年。

②《徐霞客研究》第5辑第19页，学苑出版社1999年。

③任美锷：《徐学的兴起是顺应中国文化发展趋势的必然结果——〈徐学概论〉序一》，《徐霞客研究》第6辑第22页，学苑出版社2000年。

④《徐霞客研究》第5辑第36页，学苑出版社1999年。

⑤朱惠荣：《徐学研究领域的新扩展》，《徐霞客研究》第12辑第30页，学苑出版社2005年。

“徐霞客研究不是对一人一事的研究，而是要将其放在整个科学史与文化史的高度去认识。”[①]此外，对《徐霞客游记》版本源流的研究，把徐霞客研究推向国际学术界。徐霞客遗诗佚文的搜寻，徐霞客及其游记的推广普及，徐霞客对后人和对当代中国旅游业的影响，“徐学”发展史、“徐学”研究方法、“徐学”研究现状与今后研究方向，徐霞客的家庭和社会环境，徐霞客的思想和科学考察方法，徐霞客的环保和环境变迁思想，徐霞客的精神等都是“徐学”关心的问题。

1998年5月18日，中国徐霞客研究会会长江牧岳，在《以徐霞客的求实精神弘扬徐学》的讲话稿中指出：“求实就是实事求是。也就是说，客观事物是怎么样，就怎么样；不夸大，不缩小；不拔高，不贬低；一是一，二是二。”“我们研究徐霞客，学习徐霞客，就要认真地、好好地学习徐霞客这种求实精神。”“去年10月，我在江阴会议上曾提出过学风问题。当时我说，徐学是一门跨学科的科学，内容博大精深……这就要求徐学专家、学者和爱好者，扎扎实实地开展深入细致的研究和不懈努力的工作。我当时针对个别倾向提出‘学德’、‘学品’问题。现在看来，只提‘学德’、‘学品’，远远不够，实际也包括研究工作的方法论问题。只有不断解决这个深层次的学风问题，徐学研究才不致偏离正确的航向。”[②]

（二）徐霞客研究会

中国徐霞客研究会经过一年多的筹备，1993年7月10日在北京成立，会长朱训，执行会长江牧岳，名誉会长有陆定一、伍修权、黄华、彭冲、程思远、汪道涵、孙大光、夏衍、侯仁之、冰心、谢筱迺、普朝柱等12人，秘书长黄实。2009年的会长是张宏仁，秘书长曲兴元。研究会的宗旨是：研究与宣传历史文化名人、我国明代杰出地理学家、旅游

①周振鹤：《群策群力开创徐霞客研究的新阶段》，《徐霞客研究》第3辑第94页，学苑出版社1998年。

②《徐霞客研究》第3辑第18~22页，学苑出版社1998年。

家、游记文学家、伟大的爱国主义者徐霞客的科学成就、思想、精神，为弘扬民族优秀文化，振兴民族精神，增强民族团结，增进国际文化、学术交流与合作，促进科研、旅游、文化事业的发展，振兴中华服务。这是徐学研究的里程碑。徐霞客研究会的成立，以推动徐霞客及其游记的研究为己任，把个人自发的零散的研究聚合为团结协作的群体优势，把筹办学术活动从突击的临时性的工作变成了有计划的经常性的工作，为有组织、有计划地开展徐霞客研究创造了条件①。

中国各省市徐霞客研究会。最早成立的是云南省徐霞客研究会，于1994年11月17日在云南大学成立。以后有江苏的江阴、无锡，贵州的盘县、长顺，浙江的金华、台州，台湾的台北先后成立了徐霞客研究会。

世界各地区的徐霞客研究会。2000年10月初，在美国旧金山市成立了美国徐霞客研究会。还有一些国家和地区正在筹备成立徐霞客研究会。

①朱惠荣：《徐学研究的现状和特点》，《徐霞客研究》第10辑第41页，学苑出版社2003年。

参考文献

[1]（明）徐弘祖著，褚绍唐，吴应寿整理．徐霞客游记［M］．上海：上海古籍出版社，1993.

[2]（明）徐弘祖著，朱惠荣校注．徐霞客游记校注［M］．昆明：云南人民出版社，1985.

[3] 唐锡仁，杨文衡．徐霞客及其游记研究［M］．北京：中国社会科学出版社，1987.

[4] 朱惠荣．徐霞客与《徐霞客游记》［M］．北京：中华书局，2003.

[5] 吕锡生．徐霞客研究古今集成［M］．北京：中国书籍出版社，2004.

[6] 黄实主编．徐霞客研究第1～15辑［M］．北京：学苑出版社，1997～2007.

[7] 姚秉忠主编．徐霞客研究第16～18辑［M］．北京：地质出版社，2008～2009.

索　引

（按汉语拼音顺序排列）

A

B

C

D

G

H

J

K

L

M

N

O

P

Q

R

S

T

X

Y

Z